看得见的成长

丁清尚／主编

世界图书出版公司
WORLD PUBLISHING CORPORATION

图书在版编目（CIP）数据

看得见的成长/丁清尚主编 . -- 北京：世界图书
出版公司，2019.6
　　ISBN 978-7-5192-6333-1

　　Ⅰ . ①看… Ⅱ . ①丁… Ⅲ . ①课程－教案（教育）－中
学 Ⅳ . ① G633

　　中国版本图书馆 CIP 数据核字（2019）第 106251 号

书　　　名	看得见的成长
（汉语拼音）	KANDEJIAN DE CHENGZHANG
主　　　编	丁清尚
总 策 划	吴　迪
责 任 编 辑	齐　雪　沈　佳
装 帧 设 计	刘　岩
出 版 发 行	世界图书出版公司长春有限公司
地　　　址	吉林省长春市春城大街 789 号
邮　　　编	130062
电　　　话	0431-86805551（发行）　　0431-86805562（编辑）
网　　　址	http：//www.wpcdb.com.cn
邮　　　箱	DBSJ@163.com
经　　　销	各地新华书店
印　　　刷	北京虎彩文化传播有限公司
开　　　本	787 mm×1092 mm　1/16
印　　　张	15.5
字　　　数	279 千字
印　　　数	1—3000
版　　　次	2022 年 6 月第 1 版　　2022 年 6 月第 1 次印刷
国 际 书 号	ISBN 978-7-5192-6333-1
定　　　价	55.00 元

认识丁清尚老师是在一次主题为"码课码书"的研讨会上。丁老师很年轻，来自同样年轻的城市——深圳，是深圳平湖外国语学校的一位教师。年轻就意味着活力，意味着青春，意味着敢屹立潮头，成为教育领域的时代弄潮儿。丁老师实践与研究的领域也很年轻，如微课、翻转课堂、码课码书等等都是这几年才有的新鲜事物。年轻的丁清尚老师，充满朝气地推动同样年轻的微课教学，乘着教改春风，砥砺前行！

我与丁清尚老师相识的时候，鄂尔多斯的李玉平老师也在，他还为我详细介绍了丁老师及其工作室发展的大致历程。

2013年6月，丁清尚老师成功地申报了微课程研究特色工作室。自此，他的微课研究逐步走上正轨，工作室吸引会聚了一批教师，建立了微课程学习和研究团队，从单兵作战变成了团队作战。

经过4年奋斗，2017年3月，丁清尚名师工作室成立，特色依旧是微课程。这印证了专注的力量。做事就和挖井一样，需要在深度上下功夫，需要认准了就坚持不懈地努力。如果今天这里搞两下，明天那里搞两下，最终将一事无成。

促使我欣然同意为书稿作序的原因是：本书清晰地呈现了丁清尚老师微课程工作室的发展历程，非常真实，非常具体，可以说是把家底都拿出来了。

（1）申报特色工作室，让工作室的工作有了正式组织。

（2）召集有志于学习和研究微课的教师，成立了研究团队。

（3）完善组织制度，明确发展目标，及时总结提升。

（4）在线研讨，内训，确立课题，研修交流……

（5）共同进步，一个都不能少。

就是这样，工作室一步步前行，一步步发展壮大，而把这些具体细节展示出来是非常可贵，非常无私的。因为它能够让其他教师（特别是新手教师）直接去模仿，去学习，进而去成就自己。可以说，这是一本好书：案例翔实、逻辑清晰，对于想要进行微课教学的教师，对于想要成立工作室的教师，都有非常好的借鉴价值。

阅读此书，读者还可以看到工作室成员们成长的足迹，从不知道微课是什么的教师，成长为微课教学的行家里手；从参训的"学生"，成长为授课的"教师"；从一遍遍修改打磨脚本的"新手"，成长为指点别人的"名师"……微课，改变了他们的教学思维，改变了他们的教学方式。

阅读此书，你还可以看到团队学习、团队研究的力量。丁老师不是单打独斗，他通过建立工作室形成的团队非常好！团队成员之间充满了思想与思想的碰撞、技能与技能的交流。工作室成员之间，工作室成员与教育教学专家之间，工作室与其他工作室以及一线教师之间，不断地交流，不断地沟通，在传播的同时也在吸取，在进步的同时也在反思。这正好印证了那个道理：你有一个苹果，我有一个苹果，彼此交换，大家还是只有一个苹果；你有一个想法，我有一个想法，彼此分享，大家就都有两个甚至碰撞出更多、更好的想法。智慧不会因为分享而被摊薄，每一个专家型教师都是胸怀开阔的人，乐于分享、乐于学习是其基本特征。

难能可贵的是，丁清尚老师以及他工作室的全体成员，都清醒地认识到：一滴水只有汇入大海才会永不干涸；一种教育理念、一种教学方法，只有充分融入教育实践才会获得更强的生命力。

在丁老师的带领下，已经成长起来的工作室成员主动进行推广，开展培训，甚至建立起自己的工作室，将微课教学理念和方式传播了出去。丁清尚老师则走得更远，走出学校，走出深圳，在更大范围进行微课推广，他就如一缕教育的春风，播撒希望的种子。丁老师和他的工作室成员都坚信：今日播下一颗颗微课的种子，未来将会收获一片教育的春天。

丁老师没有在成绩面前停下脚步。他在成长，而且看得更远，想得更多。为了更好地推广微课，他开始关注和推动微课资源库的建设，希望汇聚众人智慧，让微课资源更加丰富且形成体系，这样教师的微课教学就会更加轻松；他还将公益和教育结合起来，利用各种机会帮助一些师资条件较差、教学基础较弱的学校改善教学条件，免费给这些学校的教师提供微课教学培训。

　　为了自己的微课梦想，为了心中的教育梦、公益梦、中国梦，丁老师坚定前行，义无反顾！

　　最后，期待全国各地能够涌现出更多的"丁清尚"老师，涌现出更多的特色工作室，涌现出更多用心做教育、敢于创造的教师。

武丽志

2018年10月21日于华南师范大学

教育是为了什么？这是一个老生常谈却又很难回答的问题。有些老师会说是为祖国的未来培养人才，有些老师会说是为了帮助学生提升品质和获得技能……或许一千位老师，会回答出一千个答案。每一种答案都有道理，也都是事实。

　　实际上，"教育是为了什么"这个问题，也是伴随着我撰写此书的一个问题。这个问题，在写书的过程中，时时刻刻叩问我心扉，时时刻刻提醒我要努力奋斗，砥砺前行。这个问题很大，我的回答很细，这个问题的答案，在这本书中，在我的行动中，都可以看到。

教育，是为了当一位好老师

　　或许最初的梦想，就是简单的——为了当好一位教师。在现代社会，当好一位老师并不容易，不仅需要完成教学任务，实现培养目标，还要被学生认可和欢迎。因此，很多老师都压力重重，郁闷多多，对于如何做一名好老师感到迷茫。

　　好的教师，首先需要掌握好的教学方法。微课，就是这样一种教学方法。微课的诞生，实际上跟互联网和智能终端的高度普及是密切相关的，是现代教育技术和教学理念进步的一种结果。微课诞生于欧美，当代中国积极拥抱互联网的大环境为微课提供了良好的成长土壤。因此，微课在中国蓬勃发展，且已居于世界领先水平。

　　深圳，一个"敢为天下先"的改革开放浪潮下迅速崛起的大都市，改革与创新的精神，也深深渗透进了教育领域。青年教师甚至中老年教师都积极触电微课。微课并不神秘，它就是教学方式的一种改革与创新。微课，通过图文、音频、视频等方式，让课堂教学元素更加丰富；微课，突破了时空局限，让学生能够随时随地学习；微课，让教师将自己的教学想法用最真实、最具体的方式展示出来，可以更好地实践自己的教学理想。

创办微课特色工作室，是为了帮助一群老师实现"当一名好老师"的目标。通过知识的交流，技能的传播，以及思想的碰撞，聚在一起的教师都渐渐了解、熟悉、认可并且掌握了微课这一教学方式。

在线交流、内部培训、团体研修、构建资源库……聚在一起的一批教师，通过学习和培训的方式，成长为能够熟练使用微课方式教学的老师。这些教师分布在不同的地区、不同的学校，他们将会承担起传播微课教学的任务。

教育，是为了追寻成长的幸福

在现实中，我们的教育，可能少了些幸福，而微课，让我们在教学中真正拥有幸福。

微课工作室中，每一位教师都在用心学习，互相交流。擅长简笔画的，就开培训课让大家学简笔画；擅长书法的，就给大家进行书法培训；擅长手机微课制作技术的，就给大家教授手机微课制作方法和技巧……每一位微课工作室的成员，都在这个过程中，加强了技能的学习，思想的交流；享受着彼此之间的帮助、信任和关心；体验到微课培训师的辐射能力；在唤醒、点燃、激励其他教师的过程中获得了成长的幸福。

当教育和微课结合起来时，这种成长的幸福，更是溢于言表。

微课，让我们的课堂不再单调，不再局限于黑板、粉笔和语言。我们多姿多彩的课堂，更有利于释放儿童的天性，更有利于让孩子喜欢上学习。在微课教学模式下，我们的课堂会多出更多鲜亮的色彩，从而会让孩子在课堂学习与成长中得到更多的轻松和乐趣，这样的成长对他们而言是更加幸福的。微课，让"教与学"更加和谐。

写这本书，是探讨微课程特色工作室的发展经历，既是总结，也是反思。因为这是亲自走过的路，总有一些小小心得和经验，希望它们能够对一些想要进行微课教学的教师有帮助。

写这本书，是为了让更多的学校、更多的教师、更多的学生，都能够体会到这种成长的幸福。读者翻阅这本书的时候，应该也可以从字里行间产生一种情感的共鸣，那就是教育工作者对于幸福成长的追求。

写这本书，是希望通过此书，让更多的教育专家和学者关注微课，让社会了解微课，从而促进微课教学的发展。

读一本书，是读者在用心和作者交流；写一本书，更是作者期望和读者用心交流。交流、共享，共同进步，是这本书最大的写作目的。

丁清尚

2018年10月21日于华南师范大学

目 录

第一章

缘起与初创——微课工作室的申报与成立

第二章

携手共成长——工作室成员交流与研修

第三章

专业化成长——工作室内训与研修

第四章

交流与培训——工作室成员培训实录

第五章

名师课程馆——加强微课资源库建构

第六章
传道与解惑——工作室对外交流与传播

第七章
荣誉与反思

第八章

微课程的公益化之路

第一章

缘起与初创
——微课工作室的申报与成立

　　当我们面对一件新兴的事物时，缘分是很奇妙的。丁清尚老师跟微课结缘，既是一种必然：因为他选择了教师这份职业，也热爱这份职业，想着如何做一位优秀的教师；也是一种偶然：他工作的时代正好遇到了微课的兴起，而他恰好关注了微课，对微课有了兴趣。基于缘分，就有了起点。微课，就成为丁清尚老师和他创立的名师工作室最具特色的招牌。

工作室申报与成立

　　微课，实际上是一个外来词汇，是从英文词汇"Micro-lecture"翻译过来的。伴随着互联网、智能手机、电脑等的高度普及，在中国教育教学改革的背景下，微课成为中国当前非常热门的教学方法和模式之一。微课对于中国教育教学改革的影响是深刻而且长远的，它的发展，将会改变教学方式以及教育模式。

　　微课起源于欧美，根据文献记载，中国第一个引入微课的人是广东省佛山市教育局的胡铁生，他于2011年将"微课"的概念引入国内。但李玉平老师早在2010年以前就一直致力于微课的实践和研究，特别是李老师的"小现象""小故事""小策略"三小研究已成体系。从这点来看，微课在我国的发展历程虽然很短，是一个非常年轻的事物，但其发展势头非常迅猛，很受国内一线教师和学者的欢迎和追捧。

2014年1月3—5日，在广东佛山顺德区养正西山学校"全国首届微课建设与创新应用高峰论坛暨广东教育学会2013年学术年会"上，丁清尚老师和胡铁生老师纪念留影

在微课概念开始渗透教育领域的时候，深圳平湖外国语学校的丁清尚老师，就成了微课教育改革潮流的弄潮儿，屹立潮头，敢为人先。在很多教师还没有意识到微课即将成为一种教学改革潮流的时候，丁清尚老师就已在关注并且思考如何利用微课来改变教育，实现自己的教育梦想了。

为了更好地研究、应用和发展微课教学技术，丁清尚老师师从全国著名微课程研究学者李玉平老师，跟随他研究微课教学，亲自开发了多个微课程作品，并多次受邀担任微课程培训师。

丁清尚老师意识到了微课的巨大价值和意义，然而"一花独放不是春，百花齐放春满园"，仅仅靠一个人的力量，是无法推动微课教学改革发展的。为了更好地推广微课教学方式，丁老师选择通过申报和建立微课工作室的方式，团结一批想要学习微课的教师，共同学习、研究和进步，让微课工作室成为微课教学方式传播的平台，让学习微课的教师成为微课教学推广和拓展的种子。

2013年6月6日，不管对于丁清尚老师来说，还是对于微课工作室来说，都是一个非常重要的日子，也是一个值得铭记的日子。丁清尚老师作为平湖外国语学校的代表之一，成功申报深圳龙岗区教育局"特色（项目）工作室"微课程研究特色工作室。作为主持人的丁清尚老师知道微课工作室诞生的真正意义，他马上确定了接下来的研究方向，即充分利用微课传播的平台，逐步成为微课程教学研究的一线教师和专家。更为重要的是，工作室的成立，可以培养一大批微课方面的教师和人才。

2017年3月5日，丁清尚名师工作室正式挂牌，将微课教学研究推向了一个新的发展阶段。工作室由微课程特色工作室升级为名师工作室，这是一种荣誉，更是一种激励，这是对过去成绩的肯定，也是对未来发展的展望。

这些年来，工作室的成员不仅自己学习和掌握微课教学知识，而且都成长为能够独当一面的微课教学技术的专家。他们传道解惑，将微课教学的方法和技巧扩散到了更多的地区和学校，既获得了很好的研究效果，还得到了社会、学校和教育部门的全面认可。

发展规划与制度

对于个人来说，要想更好地发展，就要对个人生活和工作进行针对性规划。对一个特色教学工作室来说，要想有更好的发展，也必须有清晰的发展规划。

虽然具体规划可以在工作室的推进过程中逐步完善，然而方向必须尽早确定，这就是宗旨的确立初衷。

名师工作室成立以后，就要马上确定新的研究方向，并要求工作室成员在落实工作室研究规划的过程中调整、完善个人规划，这也是为工作室及工作室成员未来有更好、更大的发展做准备。

丁清尚微课程特色工作室的发展规划对于想要学习微课，尤其是想要申报和主持工作室的教师来说，有很大的借鉴价值。

➡ 丁清尚微课程特色工作室发展规划

一、工作室宗旨

本工作室以新课程理念和现代教育管理学为引领，以培养研究型制作师和优秀培训师为目标，以"学科·家校特色工作室"活动为载体，以专业引领为抓手，通过理论探讨与实践研究，充分发挥工作室成员的优势，实现"专业引领、实践探索、共同发展"。工作室成员须精诚合作、务实创新，树立"民主、互补、创新、共享"的理念，将学科·家校微课程的开发、培训作为本工作室的中心工作，打造一支集课程制作、开发、培训为一体的优质团队，为宣传龙岗教育的优秀成果而努力奋斗。

二、发展目标

1. 学科微课程和家校微课程开发（每年深度开发十集，每人每学期至少四集）。

2. 培训课程开发（每年开发学科微课程和家校微课程制作培训课程各一个，每人至少选择一项，相同项目可合作）。

3. 培训师养成计划（工作室成员努力在一年之内掌握培训师的基本功，并尝试在不同场合开展一次培训）。

4. 其他微课程开发（开发班级管理、"三小"研究、微电影等微课程，数量不限）。

5. 依托网络，发挥工作室辐射作用。建立供工作室全体人员共同使用的博客，通过网页内栏目，让区域内各学校和社会全面及时地了解本工作室的工作动态、成员和学员的研究成果及其学校的典型经验，建成有效的网络对话和交流展示平台，使之成为本工作室的一个动态工作站、成果辐射源和资源生成站。

三、日常事务

1. 每两周开展一次学习研讨会（时间：双周星期二下午或晚上，如与进修学校安排冲突，可另行调整），成员可申请成为培训教师。

2. 每月开展1～2次网络学习和研讨，利用QQ群或视频秀功能，一般在晚上时间进行。及时更新博客、微博内容。（如与现场研讨学习重合的情况，则选择其中一种学习研讨方式，即现场研讨或网络研讨学习）

3. 每位成员每学年至少阅读八本教育专著并做阅读批注或摘抄笔记，每学期至少撰写一篇读书心得体会，每学年至少发表一篇与微课程有关的论文。

4. 每月举办一次读书交流会。

5. 临时任务安排以工作室发展的实际需要为准。

四、培训内容

1. 微课程通识培训。

2. 学科微课程一般模式。

3. 学科微课程的脚本编写。

4. 学科微课程制作技术。

5. Power Point 2010应用技术。

6. 常见类型微课程的制作。

7. 家校微课程一般模式。

8. 家校微课程的脚本编写。

9. 家校微课程的制作技术。

10. 学科/家校微课程常见问题案例剖析。

11. 学科/家校微课程作品赏析与评价。

12. 培训师技巧浅谈。

通过上述工作室发展规划我们可以看出，工作室宗旨清晰，目标明确，紧紧围绕微课相关能力培训，同时规定了日常事务和培训内容，这是工作室起步的蓝图，虽然不够精细，但是决定了路线、指明了方向。这个工作室规划是以任务目标式为主的规划，主要通过目标和任务来确定规划路线。这对于初创性质的教学工作室有着比较现实的借鉴意义，目标明确、任务清晰的规划便于工作室扬帆起航。

"无规矩不成方圆"，规划定了，需要人的执行，也就需要一个组织架构和管理制度，如此才有利于工作室稳定运行、长远发展。为此，丁清尚工作室建立了一整套管理制度，以详细的工作分工，明确了成员职责和奖惩标准，这为工作室日常管理和未来的良好发展奠定了基础。

丁清尚微课程特色工作室管理制度

一、工作室体系架构

本工作室根据工作需要，下设办公室、宣传部、研修部、生活部和外联部五个部门，具体分工如下：

陈晓玲，办公室主任，协助室长做好日常事务工作。

程尚远，宣传部部长，负责工作室宣传工作。

梁金华，研修部部长，负责工作室学习资料和研究成果整理工作。

罗莎，生活部部长，负责工作室财务及后勤保障工作。

汪敏，外联部部长，负责工作室内外联络及考勤工作。

二、会议制度

1. 每月的第一个周二下午或晚上召开一次工作室工作例会或网络会议，讨论安排本月工作室计划。

2. 每个月组织1~2次网络学习和研讨，展示学员的微课程成果。

3. 每学期召开一次总结会议，总结经验、探讨存在的问题。

三、工作制度

1. 特色工作室主持人与工作室每个成员签订《特色工作室成员工作协议书》。

2. 工作室主持人为工作室成员制订具体进步计划，安排培训内容。

3. 工作室成员必须参加工作室布置的培训工作，每两个月的出勤率不低于80%（包含网络研讨活动和成员研讨会等），完成工作室的学习、研究任务，并有相应的成果体现，每个月必须至少交一个微课程，努力实现培养计划所确定的目标。

4. 每年编印四期工作室简报，通过简报及时发布重要信息，增进主管部门对工作室日常工作的了解，促进成员校之间的交流和合作。

5. 工作室全体人员要养成坚持学习、善于思考、勤于笔耕的良好习惯，积极撰写教育随笔、案例分析、教育论文，及时更新工作室网页。

四、经费制度

1. 工作室发展经费由区进修学校统一拨付，办公室定期公布明细。

2. 工作室成员活动经费自筹，由生活部部长统一管理，并定期公布明细。

五、奖惩制度

1. 工作室设立"优秀制作师""优秀培训师""活动积极分子"等奖项，并于每学期末采用民主投票方式评出各奖项得主。

2. 每学期末对成员进行考核，对于不求进取或因工作繁忙等原因不能参与工作室活动且无法保质保量完成工作室任务的成员进行劝退工作。

3. 工作室在成员不足时，会吸纳其他学员中表现优秀的学员成为准工作室成员（其他学员：工作室成员以外的愿意参与工作室学习并承担任务的老师）。

4. 每位工作室成员可以根据自己的实际情况，在自己的能力范围之内和其他学员组建自己的小组，该成员即为组长，在工作室中审核通过后给予公布，然后根据工作室安排完成学习和课程开发任务，表现突出者，经组长推荐，工作室将给予更多的锻炼机会。

丁清尚微课程特色工作室成员分工及职责

一、成员分工

详见前文管理制度之工作室体系架构。

二、成员职责

室长：

1. 把握工作室发展方向，全面主持工作室工作，拟定工作室的工作方案，规划学习进程，安排学员分工。

2. 制订本工作室日常管理制度；做好工作室学员管理工作，实施对学员业绩的考核、评估和评价工作，建立特色工作室和学员档案。

3. 定期向区进修学校汇报学习情况，组织开展学科/家校微课程研究及实践活动，组织学员外出学习、交流。

4. 负责工作室召开会议、开展活动等内容。

办公室主任：

1. 协助室长管理工作室，撰写成员职责、管理制度及工作总结，组织协调各类培训、教研活动。

2. 及时传达室长思想，提醒各部门做好相关工作，完成室长交办的其他工作。

3. 室长因事外出时，承担各项工作，并及时向室长汇报情况。

4. 承担工作室各种活动的议程安排，负责做好工作室会议记录，并整理学员参加培训、主持活动等方面的记录。

宣传部部长：

1. 负责工作室活动的摄影、摄像工作，制作并定期发布活动PPT或视频。

2. 创建和管理工作室博客，指导学员上传资料。

3. 及时将工作室的活动写成综合新闻稿并发布到工作室博客或进修校网站或其他媒体。

4. 整理工作室成员的学习和研究成果，定期在博客进行展示。

研修部部长：

1. 做好工作室培训资料的收集和整理，定期发布最新的学习教育理论，研究新课标、新课程、新教法，组织成员进行学习，撰写反思笔记。

2.收集、撰写工作室建设、开展研修等相关资料（文字、照片）。

3.指导工作室成员解决在研讨和学习过程中遇到的问题。

4.根据室长要求安排成员主持网络研讨活动。

生活部部长：

1.负责工作室会议所需物品的购置，进行各类报账等。

2.管理工作室运行经费，定期组织联谊活动。

3.安排工作室活动所需场地及其他各项准备工作。

外联部部长：

1.负责工作室活动考勤。

2.负责成员通讯录整理及内部发布。

3.负责工作室集体活动的安排和联络工作。

4.负责QQ群、微博的管理工作。

通过上述组织架构和管理制度可以看出，建立起稳定的组织架构，明确每一个人在团队中的岗位和职责，做到事有专人、人尽其责，这样整个工作室的正常运转就有了基本保障。这些经验对于刚成立的工作室而言是极具借鉴意义的。

通过确定发展规划以及建立规章制度，一个确定发展方向和路线，一个明细成员职责和任务，从两翼奠定工作室未来发展的基础。由此，工作室走上了平稳迅速的发展阶段，真正成为微课研究和传播的重要平台，工作室的每一位成员都将因此获得新的发展机会。

工作规划与总结

2013年，微课工作室申报成立，这是工作室及其团队在微课教学与研究领域的起航与发展。

每一年，我们都有自己的规划和目标；每一年，都需要有具体的行动和反思。这是工作室的成长，也是教师的成长，更是微课教学的成长。

透过每年的工作规划与总结，我们可以清晰地看到工作室的成长路线及取得的成果。

2013年，是工作室申报成立的第一年，一切都是从探索开始，然而一切都是那么美好，因为我们的心中有目标。

➡ 开端——龙岗区微课程特色工作室2013年行动方案和总结

龙岗区（丁清尚）微课程特色工作室行动方案

微课程特色工作室行动方案内容

内容
工作室名称：学科·家校微课程
原因分析：本人擅长微课程的脚本写作，针对教育教学和家校合作中出现的小问题和小现象能够不断地追问，找到问题的根本，从而提出解决策略，达到解决问题的目的，对微课程的制作有较为丰富的经验，同时，具有制作学科微课程、家校微课程、学生微课程以及班级管理等方面微课程的经验。工作室成员有两位初中语文教师、两位小学语文教师、一位体育教师，其中有3人都是为人父母，且有多年的班级管理工作经验，对于学科和家校微课程中的脚本写作和技术实施的难题都能轻松突破

内容
研究的方向主题：学科教学、家校合力

1. 个人特长分析

（1）熟悉摄影、摄像，计算机软件应用，如：office 2010办公软件的使用、PPT制作、图片的简单处理、音乐及视频剪辑或合并等。

（2）爱好写作，具备较好的书面语言表达能力。

（3）在文学阅读、美术音乐鉴赏、影视欣赏等方面具有较高的审美和鉴赏能力。

2. 教师需求分析

（1）需要开发微课程，寓教于乐。

（2）需要让微课程制作更简单、实用。

（3）需要大量适合师生课堂教学的学科微课程，及适于家庭和学校形成教育合力的家校微课程。

3. 组织需求分析

（1）将高质量学习的理念以更加生动的形式有效渗透到教育教学和家庭教育中。

（2）让微课程在课堂教学和家庭教育中发挥更大的作用。

（3）激励教师将自己的教育教学经验转换成微课程，将成果固定下来，建立微课程资源库，促进教师专业化成长。

（4）提升教师的微研究能力，让微课程的呈现内容更为精练，形式更为有趣，成果更为丰富。

课程体系名称	微课程在教育教学中的实践运用		
模块（维度）	课程名称	开发人	培训形式
模块一	微课程通识培训	丁清尚	示范练习参与式培训
模块二	学科微课程制作	丁清尚 陈晓玲	示范练习参与式培训
模块三	家校微课程制作	程尚远	小组合作讨论示范练习参与式培训
模块四	学科/家校微课程在教育教学中的运用	梁金华	示范练习参与式培训
模块五	学科微课程和家校微课程的脚本写作技巧	丁清尚	小组合作讨论示范练习参与式培训
模块六	学科微课程和家校微课程制作存在问题的比较分析	汪敏	示范练习参与式培训
模块七	学科微课程和家校微课程的鉴赏与评价	罗莎	小组合作讨论参与式培训

预计完成时间	2013年12月31日

课程开发预期风险分析及应对策略：

风险	应对策略
1. 没有素材。	1. 穷尽式阅读，广泛交流。
2. 开发内容范围过大。	2. 选取小的切入点并讨论。
3. 制作难度大，学不会。	3. 使用简单工具或与其他工作室合作。

培训模式分析：

微观层面：

1. 示范练习。

2. 小组合作讨论。

3. 参与式培训。

4. 微课程的应用案例分析。

5. 微课程制作操作指南。

宏观层面：

1. 面授。

2. QQ群研讨。

3. 博客、微博图文分享。

4. 快盘文件分享。

5. QQ视频秀研讨。

6. 涵盖学科教学、家庭教育。

7. 其他方面也可以做，侧重学科教学和家校合力。

团队的建设：

1. 工作室发展规划。

2. 工作室管理制度。

3. 工作室成员协议书。

4. 工作室成员分工。

5. 工作室启动仪式。

组织实施计划：

见工作室发展规划及管理制度。

开展微行动，谱写新篇章

——丁清尚微课程特色工作室2013年度工作总结

2013年，不平凡的一年。自从微课程工作室成立以来，我们一直努力，一直思考，一直成长。

在这里，我们拥有卓越的领队，我们的导师有微课程创始人李玉平老师、中国高质量学习发起人刘静波老师以及中国微课程开发中心主任雷斌老师。在微课程工作室主持人丁清尚老师的带领下，我们的团队正在快速成长。

在我们的团队里，有来自吉林、上海、龙岗等地的优秀教师和研究者，目前李鹏飞、胡红梅、程尚远、陈晓玲、梁金华、汪敏、罗莎、周洁、连苑辰等老师已成为团队的主干力量，我们在研讨中交流，在交流中积淀，在积淀中进步。

走过2013年，如果说这是一个故事，在过去的半年里，我们共同书写着工作室的"起承转合"，用微行动谱写新篇章！

一、起——筹办微课程工作室

2013年5月20日，工作室主持人丁清尚老师成功申报微课程特色工作室，工作室成为龙岗区首批特色名师工作室之一。5月28日，工作室开始招募核心成员。我们收到了来自全区各个学校许多优秀教师的申请，并从中挑选出符合条件的有志青年教师为核心成员。6月4日，开始建立工作室QQ群，并开展了第一次工作室网络会议，建立了工作室新浪博客、微博等平台，为工作室的发展奠定了基础。至此，丁清尚微课程特色工作室正式成立。尽管一切都刚刚开始，但工作室全体成员早已满怀信心，并逐步进入工作状态。

二、承——建设工作室规模

2013年7月13—19日，应龙岗区进修学校邀请，丁清尚老师赴北京参加"教师培训课程开发与课程实施"学习。9月2日，召开了工作室发展规划专题会，并确定了本工作室的主要发展方向，在雷斌老师的指导下，本工作室明确了主要职责为研究和开发微课程脚本，研究方向为学科及家校微课程。9月10日，开展了工作室成员发展规划与分工会议，逐步明确了工作室发展规划，以及各成员的主要职责和一些常规活动，工作室初具规模。

三、转——开展交流活动

本着"走出去，引进来"的工作思路，2013年10月16日，微课程工作室与童话教研工作室合作，在平湖外国语学校开展教研活动。胡红梅老师的精彩课堂，以及童话教研工作室其他成员老师带来的绘本故事，给工作室成员带来了新的思考。研讨会上，丁老师还将语文学科与微课程进行了整合，为今后的合作发展指出了新的方向。

10月20日，工作室成员罗莎老师主持的龙岗区重点课题《小学语文作文与微课程的整合研究》在龙城小学成功开题，这是学科微课程的又一个重要项目。该课题不仅从制作实践上提出新要求，而且还将从理论上进行思考。10月22、29日，工作室主持人丁清尚在龙岗区进修学校为区微课程爱好者举行《微课程脚本制作》培训讲座；12月4—5日，丁清尚老师应邀给甘肃会宁培训师做《微课程脚本编写》的培训讲座，进一步扩大了本工作室在省内外的影响力。此后，在丁老师的号召下，工作室本着义务指导的原则，为老师们发来的脚本稿件进行修改。

与此同时，工作室成员也在不断学习。11月6日，工作室成员在华侨城中学参加微课培训，并与微课专家胡铁生老师交流。11月7日，工作室全体成员参加了李玉平老师在龙岗区的微课程专题培训，李老师对本工作室的发展进行了有针对性的指导，并提出建设微课程"资源包"的建议，为本工作室今后的发展提供了新的思路。

四、合——沉淀工作室成果

在取得了一些成绩的同时，我们也需要沉淀，总结经验，传播成果。

自11月份开始，工作室开始筹办杂志，12月16日，第一期《微课程》杂志正式出版。这是微课程工作室半年多的成果积淀！

12月22日，平湖外国语学校代表教师带着《微课程》杂志，在全国校园文化建设颁奖会上与专家交流，并获得专家的一致好评与书题致辞。

12月25日，工作室成员程尚远老师在龙岗区育贤小学发起《语文教学与微课程脚本》的研讨交流活动，开启了工作室对外交流的第一站。

12月30日，丁清尚老师受首都师范大学教育技术系王陆教授科研团队的邀请赴京交流，并确定将在2013年教师教育国家级精品资源课——《现代教育技术应用（四年制本科）》中应用丁老师的微课程作品《漂流日记》，该作品将被作为大学课程资源得以传播。

自工作室成立以来，我们在不断摸索，也在不断调整。在12月9日的网络研讨中，来自不同学校的工作室成员在网络上相聚一堂。会上，工作室正式通过并确定了"十个一"常规活动，即：①每两周开展一次网络主题研讨；②每月编写一个脚本；③每月举行一次聚会；④每月组织一次对外交流活动；⑤每月制作一集微课程；⑥每季度出版一期杂志；⑦每学期撰写一篇培训/读书心得；⑧每学期主持并梳理一次研讨活动；⑨每学期撰写一组教育教学策略；⑩每学年开展一次异地交流学习活动。"十个一"常规活动的确立，将使我们走得更稳健，走得更远！

回首2013，我们在行动，一路成长，一路芬芳。

展望2014，我们信心满怀，研究的故事，让我们一起书写。

2014年，经过一年的发展运作，工作室有了经验，成员之间的配合更加默契，工作室知名度也有了一定的提升。更重要的是，大家通过一年的努力，更清楚地了解到了自己在微课教学领域能做什么，以及要做到什么。于是，在新的一年里我们需要一个新的规划来推动工作室不断前行。

➡ 前行——丁清尚工作室2014年工作计划和总结

2014年丁清尚工作室工作计划

一、指导思想

在龙岗区教育局和进修学校特色工作室领导小组的领导下，在李玉平老师的引领下，我们工作室以"互学互助、共同发展"为工作原则，以促进工作室成员专业化迅速发展为工作目标，以微课程研究为主要工作内容，以工作室"十个一"常规活动为抓手，以《微课程》杂志、博客、微博、QQ群等媒体为载体，立足课堂，积极开展开课、评课、专题研讨、微行动学习等一系列教育教学微研究活动，努力发现并解决教育教学中存在的问题，寻找有效策略，并将研究成果课程化，在区内外进行交流，在交流中思考、成长、进步，通过微课程研究实现工作室成员的专业化发展。

二、工作目标

1. 加强理论学习。工作室全体成员将积极开展个体学习、互相学习、向专家学习和集中研讨，从理论上再提高，通过多种学习渠道，达到自我发展、共同提高的目的。

2. 每位成员将立足课堂，努力探索，积极形成富有个性的教学风格，并撰写微课程脚本。

3. 积极开展教育、教学微策略研究。为学校、全区乃至全市教师提供高质量的教育教学策略，提高教师的业务能力和水平，年末拟出版《教师好帮手——微策略》一书。

4. 通过工作室QQ群、博客、微博等平台，有效发挥网络功能，实现资源共享。

5. 梳理并开发现有微课程脚本素材，将其转化成微课程成品，开发精品课程。

三、具体措施

1. 多形式多渠道研修学习。

（1）做好教育理论学习和教育前沿信息的收集和处理工作，时刻关注教育改革与发展的动态和趋向，提高团队成员实施新课程的能力。

（2）充分利用外出学习的条件和机会，学习优秀的教育教学经验和实践，并将其积极运用到自己的教学改革和科研工作中。外派学习的成员，要及时进行总结汇报（实录或讲座），实现资源共享。

（3）坚持个体学习，阅读教育教学理论，从中汲取教育智慧，并及时撰写读书心得，提高读和写的能力。

（4）加强网上学习研讨的力度，每位成员应积极将个人的体会、经验、困惑上传到博客或QQ群中，全体成员参与研讨。对于有研究价值的问题，可作为微课程素材，大家共同研究解决，为一线教师提供参考。

2. 积极开展研讨活动。

（1）每两周开展一次网络主题研讨活动，全体成员轮流主持（安排表附后）。

（2）及时进行研讨实录的整理和归纳，形成有价值的教学策略或微课程脚本。

（3）每位成员要勇于实践，努力形成富有个性的课堂教学风格，开发并打造至少一节具有个人特色的微课程主题讲座。

3. 积极开展课题研究。

每位成员围绕课题《小学语文作文与微课程的整合研究》和《中小学德育微课程资源库建设研究》，在平时教学中要做到边实践边思考边总结，注意材料的积累，及时形成课题阶段总结。

4. 及时制订计划与总结。

由全体成员共同讨论、制订出切实可行的工作室工作计划，以确保工作开展做到有目的、有计划、有秩序、有成效。

5. 每位成员每年至少在省级以上刊物发表一至两篇文章。

四、具体安排表

2014年度丁清尚工作室活动安排

时间	活动安排
1月	1. 盘点2013年工作室活动。 2. 草拟2014年工作室工作方案。
2月	1. 组织在线交流和研讨，修订2014年工作室工作计划。 2. 推荐本年度阅读书目。 3. 筹备并出版第2期《微课程》杂志。 4. 听专家讲座。
3月	1. 组织工作室成员听课、评课，开展网络研讨活动。 2. 到深圳市田寮小学开展交流活动。 3. 丁清尚、陈晓玲老师观摩课。
4月	1. 组织工作室成员到龙城小学开展交流活动。 2. 罗莎老师观摩课。 3. 组织网络主题研讨活动。
5月	1. 组织工作室成员到龙湖学校、南园学校开展主题交流活动。 2. 筹备并出版第3期《微课程》杂志。 3. 组织网络主题研讨活动。 4. 连苑辰老师观摩课。
6月	1. 组织工作室成员到西坑小学开展主题交流活动。 2. 梁金华老师微讲座。 3. 课题研究阶段性总结。 4. 组织网络主题研讨活动。

时间	活动安排
7月	1. 召开工作室半年小结会议。 2. 听专家讲座。 3. 各成员制作精品微课程。
8月	1. 组织在线交流与研讨。 2. 听专家讲座。 3. 筹备并出版第4期《微课程》杂志。 4. 各成员制作精品微课程。
9月	1. 组织工作室成员到龙岗区育贤小学开展教研活动。 2. 程尚远老师观摩课。
10月	1. 组织在线交流和研讨。 2. 组织工作室成员到深圳市第三高级中学、兴泰实验学校开展主题研讨活动。 3. 听专家讲座。
11月	1. 组织工作室成员到龙岗区实验学校开展教研活动。 2. 汪敏老师微讲座。 3. 筹备并出版第5期《微课程》杂志。
12月	1. 出版《教师好帮手——微策略》一书。 2. 完成课题研究报告，形成课题成果，汇编论文。 3. 工作室工作年度总结。

丁清尚工作室

2014年2月18日

开拓进取，不断前行

——2013—2014学年度第二学期丁清尚微课程工作室工作总结

丁清尚微课程特色工作室自2013年创办以来，已走过了一年余。经历了第一学期的起承转合，工作室各项工作已步入正轨，并有序运转。2014年，是我们锐意进取的一年，我们马不停蹄，除了开展各项常规工作，亦迈出步伐，借助《微课程》杂志、网络平台、专题讲座和公益培训，将微课程特色工作室的影响力扩大至全国范围。这一年，我们不断开拓进取；这一年，我们走出去，引进来。

一、实践推动专业发展

工作室通过一年的努力，积极实践，开展了不少活动，取得了不少成果。

1. 灵感不断的网络研讨

本学期，工作室共开展网络研讨八次。范围从工作室QQ群扩大到龙岗微课程，再发展到在全国的群论坛"001草根论坛"交流，参与面广，成果显著，且每次研讨都进行了翔实的记录和梳理（详情请点击：http：//blog.sina.com.cn/dqswkcgzs），颇受一线教师欢迎。

丁清尚微课程工作室博客

2014年2月26日，丁清尚老师主持"开学第一课讲什么"。

2014年3月11日，汪敏老师主持"您关注学生健康了吗"。

2014年3月25日，连苑辰老师主持"基于学科的微课程开发与应用"。

2014年4月9日，罗莎老师主持"微课程在课堂教学中的应用"。

2014年4月30日，李鹏飞老师主持"写作教学的策略研讨"。

2014年5月6日，程尚远老师主持"为课堂乱症把脉，打造我们的高效课堂"。

2014年5月14日，梁金华老师主持的"关注学生书写的策略研讨"。

2014年6月3日，丁请尚老师主持"工作室近期工作情况及下一步的部署"。

在网络研讨的过程中，工作室全体成员积极开展个体学习、互相学习、向专家学习和集中研讨，从理论上再提高，通过多种学习渠道，达到自我发展、共同提高的目的。同时，以微课程脚本和成品为依托进行的研讨，言之有物。对教育一线的问题进行针对性研讨，集思广益，梳理后再整理成新的微课程脚本，将研讨成果化，使研讨成果课程化。

2.积极互动的培训讲座

本学期，在龙岗区教育局和龙岗教师进修学校的支持下，在李玉平老师的专业引领下，工作室主持人丁老师借助外出讲学的机会，让工作室不断前行，使其从学校起步，走出龙岗，一步一个台阶走向全国，一边学习，一边培训，一边收获。

2014年1月22日，丁老师应邀参加第二届全国"跟我学做微课程"远程公益培训，并做主题为"微课程点评与欣赏"的培训。通过培训，学员初步学会欣赏微课程的优点与发现不足，能够基本掌握微课程的点评技巧，能够评价简单的微课程。

2014年3月10、17日，工作室应邀为深圳市葵涌第二小学全校近100位教师进行两次"微课程的认识与制作"培训，丁老师的精彩讲座和程尚远老师的精彩分享备受欢迎。

2014年5月17—18日，丁老师受中国教育报刊社培训中心、北京华科院职业教育研究所的邀请，在湖南长沙为该地区职业院校的教师进行为期两天的"微课程技术与校本作品开发暨课堂教学有效性与教学技能提升"培训。

2014年5月29日下午，工作室来到龙湖学校开展帮扶活动，龙岗区南园学校也出席了此次活动。丁老师做了题为"基于微课程开发的校本研修"专题讲座，表现出参与微课程研讨的极大热情。

2014年5月30日下午，工作室主持人丁清尚老师来到河南省郑州市为中等职业院校等大学的老师做主题为《微课程技术和校本课程开发与制作》的培训。通过破冰之旅与团队建设、看案例分析、现场动手操作、成果分享和愿景展望，以及现场一对一的指导等环节，激发了老师们的学习热情。

2014年6月20—22日，丁老师应邀跟随李玉平、雷斌老师来到苏州，为当地中等职业院校的老师做了主题为"微课程技术与校本作品开发"专题培训。学员在微课程制作的录屏技术、视频编辑、PPT加工技术、脚本编辑以及微课程研究的发展方向等方面都有了一个全新的认识，培训备受一线教师的欢迎和喜爱。

通过开展专题讲座和公益培训，极大地扩大了工作室的影响力，将微课程工作室的能量辐射到更广的范围。所到之处，讲座座无虚席，工作室杂志被学员一抢而空，极大地展现了微课程的魅力，也吸引了更多的微课程爱好者投身实践。

二、总结积淀专业思考

如果说第一学期是工作室创办的初期，那么这学期则是工作室的开拓期，经过一年的摸索和发展，工作室积累了不少经验。总结如下：

1. 积极实践

实践是检验真理的唯一标准。由于微课程制作本身就是一项基于实践的研究行为，因此，我们工作室的工作思路始终是基于实践，回归实践，在实践中发现问题、解决问题，从而更好地指导实践。本学期以来，工作室成员在主持人丁清尚老师的带领下，不断地尝试写微课程脚本，开发制作微课程，成果丰富。其中，工作室丁清尚、罗莎、陈晓玲等老师参加深圳市首届微课大赛，分别有多个作品荣获一等奖和二等奖。今后，工作室还将继续以实践制作微课程成品为主要研究手段。

2. 乐于分享

除了通过讲座培训等面授的交流方式，作为依托计算机技术和网络的研究平台，微课程工作室还积极进行了通过微博、博客、微信公众平台、飞信、QQ等多种渠道，每天定时发送教育教学小策略的尝试，并在微信公众平台分享微课程研究的最新成果。网络平台的及时更新，实现了工作室内容向微课程爱好者的及时分享，有效发挥网络功能，实现资源共享。

回首来路，我们自信所取得的成绩，当然，也更加清晰地看到了自己的不足。微课程工作室已发展到一个新的阶段，我们今后将会更加完善各项工作，继续发挥工作室的力量。我们愿做一颗火种，去点燃更多的希望之星。

经过2013年的积淀，2014年的工作规划更加深入，发展思路更加清晰，并且建立了更为广泛的公共交流平台，如微博、电子刊物等。这是一个很大的进步，不仅意味着微课传播和交流的覆盖范围更广，也标志着它的发展进入了一个新的阶段。

每一步，都留下一个脚印。2013年和2014年两年的发展经验，为工作室进入一个新的发展阶段打下了坚实的基础。工作室在这两年中既发挥专业引领、带动、辐射作用，又加速了教师的专业化发展。可以说，这一时期，工作室不仅要关注自身的发展，更要将微课理念和技术向更多的学校和领域进行传播，这意味着工作室的发展进入了一个新的更为崭新的阶段。

"达则兼济天下"是丁清尚老师的一个信念。工作室成立以后，他更加坚定了这一信念。从丁清尚工作室的发展脉络中，我们也能够窥见他忙碌而充实的成长历程。

身在教育，心系公益。他通过教育公益活动引领更多人前行，用微课这一美好的教学方式，去影响更多教师的成长，去促进地方教育的发展。在梅州市那片富饶的土地上曾留下他公益的足迹，在他的引领下，微课也在有需要的更大的范围中进行交流与传播。

2015年，为了让微课教学理念和方法传播得更广，带领更多教师学习微课教学技术，工作室调整了工作思路，将传播与交流确立为重要的发展理念。

➡ 扩展——丁清尚工作室2015年工作计划

2015年丁清尚工作室计划

为充分发挥工作室的专业引领、带动、辐射作用，加速教师专业化发展，提高教书育人水平，特制订本年度工作室计划。

一、指导思想

以人为本，遵循名师成长规律，按理论与实践相结合、自主与交流相结合、学习与应用相结合、反思与提升相结合的原则，在学习、思考、实践、反思和总结的过程中，把先进的教育理念、独特的教学风格、精妙的教学技巧、灵活的教学方法渗透和辐射到工作室成员的教学中去，让工作室真正起到名师培养基地的作用，成为人才成长的阵地。

二、发展目标

使工作室全体成员在职业道德、专业知识、学术水平、教学能力和科研能力等方面的综合素质都有显著提高，使每位成员成长为高素质、高水平、高能力的具有终身学习和创新能力的教师。

三、工作任务及措施

1.加强业务学习，提高自身素质

（1）认真学习教育理论和法律法规，学习教育法、教师法等，提高自己的法律意识，做到有法必依。

（2）认真学习教育学、心理学，及时更新教育观念，自觉改进教学方法，使教学具有创新性，形成独特的教学风格。

（3）认真学习专业知识，刻苦练习教学基本功。工作室针对个人的发展需要，确立必读书籍，督促成员认真研读，以增强自身素养。工作室成员认真研读教材，提高驾驭课堂和教材的能力，提高组织教学的能力。

（4）充分利用外出学习的机会，学习并领悟同行及专家们的先进经验，积极与专家们交流，提出自己在教学实践中的困惑与问题，努力寻找突破的路径，从而提高自己的业务水平和教育教学能力。

2. 深化微课研究，提高教学效率

（1）做好微课程课题研究工作。工作室成员人人都要开展科研课题研究，提高科研意识和研究能力，发挥带头、示范、辐射作用，要善于发现和掌握教育教学规律，善于进行反思性总结，以提高的教科研能力。

（2）认真搞好微课程研究。以开发课程为目标，以微课程作品为载体，提供高质量的观摩课、研究课，组织教学策略研讨，提高教师的业务水平，真正发挥引领作用。

（3）加强课堂观察研究活动。工作室成员要学会观察、评价、改进课堂教学的技术和策略，有效提高课堂教学效率，打造优质高效课堂，培养学生的创新能力。

3. 拓展发展渠道，提高反思能力

（1）加强网络资源的共享，优化网上研讨。工作室成员要充分利用网络资源进行教科研活动，加强成员之间、成员与教师之间的交流与合作，利用这一平台不断提高自己的能力，拓展自身专业发展渠道。

（2）举行专业成长交流会。根据自身的专业成长经历，认真总结，通过交流让培养对象及更多的教师分享其中的经验，并督促工作室成员更加主动自觉地学习，不断完善自己，成长为研究型、学者型、专家型的优秀教师。

（3）每月撰写教学笔记、读书心得、微课程方面的随笔各一篇。工作室要参与教科研活动，提高教研能力，并尽快成长为学科新秀和教学能手。

4. 建立和完善成员业务档案与考核评价体系

各成员做到年初有计划，平时有记录，年底有小结。认真完成各项工作，并要做到随时收藏保存。

四、主要工作与行事历

工作室一年工作要点

月份	工作要点	备注
3月	1. 初步制订工作室工作计划	
	2. 各成员制订本学期成长计划	
	3. 各成员共读一篇教育教学专著，并进行研讨	网络论坛：丁清尚
	4. 展示课：丁清尚老师	网络论坛：陈晓玲
	5. 工作室集中活动（一）	
4月	6. 展示课：程尚远老师	
	7. 各成员共读一篇教育教学专著，并进行研讨	网络论坛：程尚远
	8. 各成员完成一篇教学论文并送评或发表	网络论坛：汪敏
5月	9. "微课程"优秀作品举荐	
	10. 展示课：梁金华老师	网络论坛：梁金华
	11. 各成员共读一篇教育教学专著，并进行研讨	网络论坛：罗莎
6月	12. 汇总材料，撰写本学期工作总结	网络论坛：丁清尚
	13. 工作室集中活动（二）	网络论坛：陈晓玲
9月	14. 各成员制订本学期成长计划	
	15. 工作室集中活动（三）	
	16. 各成员共读一篇教育教学专著，并进行研讨	网络论坛：程尚远
	17. 展示课：罗莎老师	网络论坛：汪敏
10月	18. 课题研究总结	
	19. 微课程评比	网络论坛：梁金华
	20. 微课程脚本设计大赛	网络论坛：罗莎
	21. 各成员共读一篇教育教学专著，并进行研讨	
	22. 展示课：陈晓玲老师	
11月	23. 微课程作品汇总	网络论坛：丁清尚
	24. 各成员共读一篇教育教学专著，并进行研讨	网络论坛：陈晓玲
	25. 展示课：汪敏老师	
12月	26. 名师讲座	
	27. 各成员共读一篇教育教学专著，并进行研讨	网络论坛：程尚远
	28. 工作室集中活动（四）	网络论坛：汪敏
	29. 工作室年度工作总结	

2015年到2017年，工作室平稳运行，工作室主持人丁清尚老师以及各成员都取得了进步，且基本上都已成长为能够独当一面的微课教学能手，去往各个学校传播微课教学理念，交流微课教学方法。

然而这个时期也是反思和提升的重要阶段，因为过去的成绩终究只意味着曾经，未来才是着眼的重点。在这样的基础上，丁清尚工作室对2017年的工作进行了总结，并且对2018年的工作进行了展望。

要真正把眼光放在未来。荣誉，让它成为记忆；未来，还有无数美好的征程。

➡ 重新起航——丁清尚名师工作室2017年总结和2018年规划

你我同心，幸福前行——丁清尚名师工作室2017年度总结

时光荏苒，岁月不居，2017年正挥舞着双手即将离我们远去。蓦然回首，丁清尚名师工作室又坚实地走过了一个春夏秋冬。"丁清尚名师工作室"在区教育局、龙岗教师进修学校的指导和帮助下，充分发挥了名师在课堂教学、课改实验、课题研究、师资培养等方面的示范、指导、引领作用，促进了工作室成员在教学能力、学术研究能力和学术修养以及专业素质等方面的整体提升。在这一年里，我们付出着，工作室全体成员全身心投入；我们收获着，每位成员无论在高度、深度还是厚度上都有所增加；我们成长着，各自发挥着个人的潜能，向着既定的目标前进。2018年，我们期待着。我们抓住年末的尾巴，思考着、计划着、总结着，总结过去一年的点点滴滴。

一、以点带面，激励领航好评如潮

2017年3月3日，沐浴着金色的阳光，呼吸着春天的气息，丁清尚名师工作室正式揭牌了。在启动仪式上，工作室主持人丁清尚为大家展示了精心规划的未来发展蓝图，其中之一便是培养一批兼职的培训师队伍。2017年，在丁清尚主持人的带领下，我们朝着这个目标努力迈进。每一位开展培训的成员，似乎都插上了梦的翅膀，依托这个优秀的团队飞翔了起来。

校本培训，我们主动承担。每位成员都拥有两重身份，既在学校的团体中，又在工作室的集体里。如何培养更多的培训师？丁清尚名师工作室鼓励老

师们从校本培训开始，主动承担学校的校本培训，将从工作室学习到的先进技术及理念，惠及本校老师。如任巧玲老师的《微课程走进教学》、蔡培鑫老师的《手机微课在初中物理教学中的应用初探》、陈培益老师的《初中数学手机微课的开发和运用》等，都成为学校老师成长的好教材。

区级培训，我们努力奋进。龙岗区教师进修学校是工作室成员成为兼职培训师快速成长的基地。丁清尚名师工作室为老师们积极争取更多的培训机会，拓宽工作室成员的培训道路。工作室成立一年间，有10人开展过区级培训，内容包括《课程制作之录屏技术》《用小影制作手机微课》《用乐秀制作手机微课》《学生手机微课程的开发与应用》等主题，培训选课率高，效果好。另外，在2017年暑假，丁清尚名师工作室派出的10位老师通过层层考核，为全区公办、民办学校教师开展题为《手机微课程的设计和制作》的专场培训，好评如潮。

区域培训，我们严阵以待。因为我们在认真地做培训，因而渐渐地变得家喻户晓，慢慢地，我们收到了外校的驻点培训邀请。以丁清尚老师为首的兼职培训师团队，分别收到了来自龙岗区平湖辅城坳小学、南联学校、如意小学、同乐主力学校等学校的培训邀请函，还有大鹏新区、广东省中山市等地区的培训邀请……受到邀请的老师无不严阵以待，他们均以最佳的状态阐释着"微课程"的精髓，得到了邀请学校和单位的一致肯定和赞许。

省外培训，我们精益求精。"微课程"在教育界持续升温，用手机制作微课程，龙岗区一马当先，丁清尚名师工作室不缺培训人才。今年，我们的培训走出了广东省，我们的兼职培训师站在了全国的讲台上。工作室成员李伍兵老师和刘侃清老师分别前往云南昭通市以及昆明市宜良县开展手机微课程培训。我们将"手机微课程"的种子撒向了广西、云南、新疆、黑龙江等省份的沃土上，静待其发芽。可以说，丁清尚名师工作室的培训老师受到了全国的关注！

公益培训，我们快乐共享。当共享资源成为社会的新宠，丁清尚名师工作室主持人高瞻远瞩，我们身体力行，在尝试着公益化培训模式，目的是让更多偏远地区的教师能学习到新的技术，触碰到新的理念。这一年，丁清尚老师、程尚远老师分别为新疆伊犁、梅州五华、韶关南雄等贫困地区教师做了公益培训，我们收获着不一样的快乐。明年我们会继续坚持，让善行延续，让美好传播得更远。

二、实时报道，精致美文焕发活力

丁清尚名师工作室成立之初，依托"互联网+"信息时代的我们建立了自己的微信公众号——丁清尚名师工作室公众号，由专门的宣传小组进行信息的发布。一年来，推送公众号文章近100篇，吸引了近万人的关注。在公众号的管理上，我们秉承"实时、准确、精致"的原则，每一篇文章都是在活动结束后12小时内完成撰稿及审核，准确地报道工作室的最新动态；并配上精美的贴图，轻松的音乐，调整样式，力求24小时内在公众号中发布出来。虽然不是新闻媒体科班出身，但我们努力做到极致，让每一篇文章都散发着生命力，让更多的人了解丁清尚名师工作室，认识工作室中的每一位成员。

三、多元内训，知行合一磨砺思想

为了使工作室成员开阔视野，接受更先进的教育理念，增长见识，全面发展，丁清尚名师工作室坚持"多读书，多学习，走出去，请进来"的培训原则，让工作室成员的各项素质有不同层次的提高。

"最是书香能致远，腹有诗书气自华"。坚持与好书为伴，体会乐趣，收获智慧，工作室为每位老师准备了不同的书籍，鼓励老师们加强阅读，让阅读成为一种生活习惯，在书中汲取养分，成就更好的自己。

学习机会无处不在，学习方式可以线下也可以线上。工作室除了组织老师们集中培训，还经常会在工作室内部进行网络交流，让老师们共同分享好的点子。尤其是工作室主持人，经常会将一些"干货"推送到微信群及QQ群中供老师们阅读及学习，力求将先进的教育理念、教育思想植根于每个工作室成员的心中。

读万卷书，行万里路。读书能丰富阅历，外出能拓宽我们的视野。一年来，我们工作室组织了不同的老师参与学术交流、听课教研等活动，先后在龙岗区不同的学校、江苏省南通市实验小学以及如皋市安定小学考察学习，学习他人及他校优秀的经验，既增长了见识，也提升了自己。

除了走出去，我们还采取了请进来的方法，请工作室中的能人给大家培训，如曹海涛老师的《微课表情包制作》，教会大家如何进行表情包的制作，理论与实践相结合，让老师们受益匪浅。此外，工作室还邀请了微课程创始人李玉平老师为老师们做《基于微课程的互联网+环境下的教育变革》的专题讲座，为我们指明了前进的方向。

四、记录点滴，且行且思互助成长

"学而不思则罔，思而不学则殆"。为了鼓励成员们成长进步，工作室主持人坚持让老师们动笔写反思，将所思所想形成文字，记录自己的每一次成长。课堂后的反思，培训后的反思，学习后的反思……公开课后收集听课老师们的意见，进行二次备课，让课堂更"更有趣""更高效"；培训后，收集培训老师们的意见进行反思，让下一次的培训走得更远；学习后，听听自己的心声，思考自己进步的空间，让将来的自己变得更加优秀——且行且思，我们在进步的路上。

五、精彩活动，团结一心温馨如家

丁清尚名师工作室一直强调工作室是个集体，成员通过协作来实现同伴互助、共同成长，为此工作室安排了丰富多彩的活动来促进自身发展。我们在工作室结缘，工作室已经真正成了我们温馨、团结、充满学术氛围的"家"，在这个家里的每一次活动中，工作室全体成员都力求精益求精、尽善尽美，大家共同想点子、出主意、找办法，工作室的凝聚力越来越强、成绩越来越多，大家的热情越来越高涨，每个人的进步也越来越大。

六、成果累累，独特风格初见端倪

一年的时间虽短，但我们回首这一年走过的路，堪称硕果累累。关于微课程，丁清尚名师工作室成了课程开发的主力军，开发微课程数以百计，做到了人人开发微课程，人人参加微课程大赛，获奖数量及成绩名列工作室前茅。关于微课程的运用，工作室成员率先将微课程运用在教学中，教学效果显著；关于培训，我们从《手机微课程》出发，成功研发出属于自己的培训课程，如《课件制作之PPT操作技巧》《培优补差微课先行》《0～2岁儿童亲子阅读》《交流阅读，分享幸福》等等，我们走在了收获的路上。工作室见证着我们的成长。

有一种学习，你没有参与，就不会豁然开朗；有一种平台，你没有投入，就不会知道精彩纷呈；有一种苦累，你没有体会，就不会知道痛并快乐着；有一种信仰，你没有执着，就不会知道任重道远，这就是我们丁清尚名师工作室的成长之路。

工作室的第一个周期虽然结束了，但我们所有的努力都不会停止，作为主持人，丁清尚老师会继续用他自己的责任意识、敬业品格、奉献精神、阳光心态、积极思想影响着工作室的每一个成员，我们全体成员也会继续互相学习、共同提高、凝心聚力、共享资源、互帮互助、砥砺前行！

坚信未来更美好，空间更广阔，这是丁清尚工作室的坚定信念。

团队风采

　　每一个人，都是团队的一分子；每一个团队成员，都是团队进步的动力。丁清尚名师工作室的每一位成员，才是其发展的根本动力，正是他们用智、用努力、用热情推动着工作的开展。

　　让我们来认识一下他们。需要特别说明的是，此处并没有列出工作室的所有成员，因为工作室成员太多，但是不管是长期的工作室成员，还是来工作室进行短期学习的老师，都为工作室的发展贡献了力量。

➤ 丁清尚——工作室主持人

　　丁清尚，高级教师，中国高质量学习研究中心微课程开发中心副主任，龙岗教师进修学校培训师，师从微课程创始人李玉平老师，现任深圳市龙岗区平湖外国语学校办公室主任，担任初中语文教学工作。从教9年，发表论文11篇，主持省、市、区课题研究6个；制作微课程68集，主讲微课程专题讲座50场，辅导开发微课程作品近50集；论文获国家、省、市、区一等奖

13次；参加教学竞赛获区一等奖2次；辅导学生参加市现场作文大赛获一等奖4人次，童话故事创作大赛获金奖28人次，辅导老师参加各类竞赛获奖15人次。多次荣获市、区骨干教师、优秀教师、优秀通讯员、优秀教育工作者、优秀党员、优秀党务工作者、教坛新秀、深圳市优秀作文辅导老师等称号。

曾应邀为河南、四川、深圳、湖南、贵州、甘肃、武汉等地区的骨干教师、教科研主任、青年教师、入职新教师做微课程脚本编写等培训，开发微课程代表作品有家校类《孩子心中的家长》、主题班会类《悬在城市上空的痛》、班级管理类《挑战垃圾》、学科教学类《漂流日记》等近100集，颇受欢迎。

倡导快乐研究从微课程做起的理念。

陈晓玲——工作室助理

陈晓玲，出生于美丽的海滨城市汕头，毕业于华南师范大学语言学及应用语言学专业。自2012年起，在深圳市龙岗区平湖外国语学校工作，担任初中语文教学工作。

从教以来，积极参加校内外各项活动，在龙岗区首届"微课程"大赛中获二等奖；担任龙岗区2013届在编新教师岗前培训工作并被评为"优秀助教"；获龙岗区"我与培训的故事"征文比赛一等奖；2013年获"平湖街道优秀共产党员"称号；热爱演讲与朗诵，在学校师德演讲比赛中获二等奖。致力于教学研究，积极参加校级公开课，探寻语文教学艺术。积极追求"脚

踏实地，仰望星空"，愿以赤子之心，于平凡的教师岗位中，做出不平凡的
点滴成绩。

➡ 李鹏飞——工作室讲师兼成员

　　李鹏飞，吉林省长春市宽城区浙江路小学副校长，毕业于吉林省教育学
院教育管理专业，本科学历，小学高级教师，吉林省学科骨干教师，教育科研
骨干教师。1993年参加工作，任教二十年来，一直在教学一线辛勤耕耘，工作
中锐意进取，有创新精神；生活中开朗热情，乐于助人。喜欢尝试新事物，富
有钻研精神。

　　发表论文：《观察生活，为学生习作注入源头活水》2008年6月发表在省
学院学报；《小学语文教师素质提升策略浅谈》2010年12月发表在省学院学
报；《青年教师业务素质及提升策略》2012年11月发表在省学院学报；《创新
校本教研模式　探索教研发展新途径》2012年12月发表在省学院学报。2008年
5月优质课《问银河》获国家级评选三等奖；2009年1月优质课《桂林山水》
获市级一等奖；2011年9月课件《曹冲称象》获省级二等奖；2011年10月课件
《威尼斯小艇》获省级一等奖。

周洁——工作室成员兼制作师

周洁，中共党员，硕士研究生，毕业于上海师范大学数理学院，现任上海市日新实验小学信息科技教师，曾获得中国教育技术协会数字故事大赛征稿一等奖。

2011年11月—2012年6月，多次参与课程开发与培训，培训内容包含上海市浦东双语特色建设项目、上海市莘格高级中学的微课程培训、上海市嘉定实验小学微课程开发；

2012年4—5月，分别参与"微学时代"内蒙古鄂尔多斯、广东深圳的微课程开发与培训；

2012年7月，参与北京大学"数字化学习与人力资源开发"学校研讨会，代表作品有《球场上的哭声》等。

程尚远——工作室成员

程尚远，小学语文高级教师，现任职于龙岗区育贤小学，龙岗区进修学校兼职培训讲师。曾被评为龙岗区优秀教师、龙岗区骨干教师。

近年来致力于中小教师培训课程的开发与研究，先后开发了《手机微课程开发与应用》《西餐礼仪》《微课程制作之录屏技术》《学生手机微课程的开发与应用》《移动学习终端在学科教学中运用的微研究》《班主任家校沟通"3+1"》等十门区级教师培训课程；曾代表丁清尚工作室到梅州市、惠州市、大鹏新区等地开展多次微课程培训；主持区级课题《微行动学习模式下语文听评课实践研究》《小学中年级学生文本童话深度阅读的微研究》，发表文章多篇。

李伍兵——工作室成员

李伍兵，中共党员，中学一级教师，数学教师，班主任。区骨干教师，区教研室初中数学中心组成员，微课程培训讲师，公办中小学新任教师培训与考核导师。扬美实验学校信息中心负责人、财务后勤中心副主任。倡导"平视"教育理念，专注于数字化教学研究，致力于探索学科与技术的深度融合。

多次承担区级公开课，多次获评校级明星教师，常年担任德育、团委和班主任管理工作，多次承担校级、区级教师技能培训工作。

发表多篇管理和专业论文，并在市、区级荣获一等奖、特等奖。承担多个研究课题，主持的区级课题荣获2017年区级优秀教师课题。

▶ **罗莎——工作室成员**

罗莎，中共党员，小学高级教师，深圳大学教育管理硕士，龙岗区小学语文学科带头人，龙岗区公办中小学校新任教师专业能力培训及考核导师，龙岗区进修学校培训讲师。秉承"激励每一个孩子充分发展"的教育理念，呵护与陪伴每一个孩子健康快乐地成长。

曾获国家级一等奖1项；深圳市微课大赛、综合实践比赛等市一等奖5项、二等奖2项；龙岗区一等奖6项、二等奖3项。在全国基础教育课程改革中获教研成果一等奖，并被评为"先进个人"；微课作品《我是小导游》《家长是孩子的第一位老师》获得深圳市首届微课大赛一等奖。

近年来，先后有7篇论文发表，其中《小学语文作文微课资源的开发与应用》发表于国家级重点期刊《语文教学与研究》，《语文作文微课程的管理研究——以LC小学为例》被评为深圳大学研究生优秀毕业论文。

另外，主持和参与国家级、省级、市区级课题6项，其中主持全国教育信息技术研究"十二五"规划专项课题1项、深圳市2017年度重点课题1项和龙岗区重点资助课题1项。

在教育教学中，多次承担区级以上公开课和讲座，辅导学生获得市级以上奖项达百余人，帮助多位老师获得市一等奖、区骨干称号等。

刘侃清——工作室成员

　　刘侃清，小学信息技术高级教师，任教于深圳市龙岗区平湖信德学校，现任小学综合科组长。曾被评为龙岗区优秀教师，龙岗区教坛新秀。被聘为龙岗区中小学信息技术中心组成员，龙岗区公办中小学校新任教师专业能力培训及考核导师。

　　从教以来积极参加各级各类比赛，获全国奖1项，省级奖1项，市级奖4项，区级奖若干项等，还曾主持、参与课题4项。此外，对微课制作方面也颇有研究，在龙岗区先后开展《微课程制作之录屏技术》《手机微课程制作》《PPT课件制作》等培训，并受邀前往云南开展《手机微课程》相关讲座，深受好评。

➤ 曹海涛——工作室成员

　　曹海涛，美术学科，从教二十四年，现任教于龙岗区南湾街道下李朗小学，并担任学校办公室主任职务；龙岗区第二批骨干教师；曾被评为龙岗区优秀教师，龙岗区先进教育工作者，中国童话节优秀辅导教师，被聘为2017—2020龙岗区第四届学科督学。

　　参加龙岗区第五届美术教师基本功比赛，获得五项全能二等奖；色彩画命题创作二等奖；电脑设计制作（网页设计/动漫设计）二等奖；美术基本常识与美术教育理论二等奖；在龙岗区第六届中小学美术教师五项全能基本功比赛中，获手工纸立体造型制作单项奖一等奖第8名，五项全能二等奖；参加龙岗区首届书画研修高级班，作品《荷花》在龙岗区书画高级研修班成果汇报展中被评为书法类二等奖；作品《香涧》在龙岗区首届中小学师生水墨国画作品比赛中获教师组二等奖；书法作品《七律·长征》在深圳市龙岗区教育系统廉政书画比赛中获一等奖；绘画作品《山水》在深圳市龙岗区教育系统廉政书画比赛中获一等奖；在龙岗区第二届手机微课大赛中，其美术《少儿学国画》系列微课荣获一等奖；在2017年龙岗区第四届微课大赛中，其《美丽的荷花》获二等奖。承担过区级公开课，录像课《有趣的重复》在龙岗区第五届中小学美术优秀录像课优秀教学案例评比中获二等奖；《汽车博览会》在第七届龙岗区中小学美术优质课评比中获三等奖。在深圳第26届世界大学生夏季运动会龙岗区教育系统大运工作先进集体和先进个人评选活动中，获"画说大运"启动仪式文艺之星称号。对学校教师进行培训，在龙岗区教师继续教育培训工作中，被评为优秀主讲教师。

主持的区级课题《艺术节（美术）活动项目的开发与研究》已于2015年结题。2016年在龙岗区教育科学"十三五"规划学校课题《客家文化特色校园文化建设的实践探究》中担任业务主持。

擅长美术设计类手绘与电脑软件设计，了解平面和立体动画制作，自学3D动画软件3Dmax，影视编辑软件Premiere，工业、机械和建筑设计软件AutoCAD；熟悉Flash软件；精通平面设计软件Photoshop，CorelDraw，曾设计多部平面与3D动画作品，有着深厚的电脑设计软件使用基础。

▶ 蔡伟奇——工作室成员

蔡伟奇，字贯之，1979年12月20日出生于广东肇庆怀集桥头山村，初中语文教师，兼任书法、国学老师，现任教于深圳市龙岗区时代学校。

近年来，他一直研读《易经》和《道德经》，运用《易经》"匪我求童蒙，童蒙求我"的智慧并秉承"吾道一以贯之"来指导教育教学；还运用《道德经》"长短之相形，高下之相倾，前后之相随"的道理研究书法，获中国书法院颁发的"最具收藏价值书法家"奖。致力研发书法教程《笔画的力方向》《机构的重心点》，让许多人把字写好。长期与香港科大在内陆的捐资助学机构合作输送课程和捐赠书法作品。

陈翠萍——工作室成员

陈翠萍，小学语文教师，丁清尚名师工作室骨干教师，龙岗区教师进修学校版权课程培训师，任教于深圳市龙岗区平湖外国语学校。

有两门教师培训课程通过龙岗区教师继续教育课程评审，且被纳入教师继续教育课程库。代表丁清尚名师工作室做主题报告，颇受欢迎。7篇课例分别被载于胡红梅主编的《100本经典绘本主题阅读教学设计》《100本经典童书分级阅读教学设计》《思维导图500例》和陆生作主编的《换个角度教作文——微童话教学课堂实录》并公开出版。多次获得区级、市级各类奖项并承担了区级公开课。参与深圳市2016年"好课程"《童话创作》课程开发并顺利结题，区级课题《小学语文渗透国学行动研究》（正在研究），辅导多位学生参加学生小课题研究并获奖。

⟫ 邓春贤——工作室成员

邓春贤，小学数学教师，任教于深圳市龙岗区南湾沙塘布学校，曾被评为街道教坛新秀。

承担区级民办教师公开课，2016年获得"手机微课版权课程培训师"称号，多次担任龙岗区中小学教师继续教育课程培训师，曾两次获龙岗区手机微课一等奖，现主持区级课题《手机微课在小学数学课后复习的应用》，开发小学四年级数学的手机微课。

➡ 阳元元——工作室成员

　　阳元元，小学语文高级教师，任教于深圳市龙岗区清林小学，现任语文科组长。曾被评为龙岗区优秀教师，龙岗区优秀班主任，深圳市优秀少先队辅导员。

　　多次承担区级公开课，多次在龙岗区教学比赛中获奖，如在龙岗区小学语文教师习作教学微型讲座比赛中获特等奖，在龙岗区小学语文中高年级阅读教学大赛中获一等奖，获深圳市微课比赛一等奖，录像课例《太阳是大家的》荣获深圳市优质课例视频"质量奖"等。曾担任龙岗区在编新教师学科"田园式"培训的培训教师，主持区级课题《低年级写字习惯行动研究》。

梁金华——工作室成员

梁金华，小学英语高级教师，任教于深圳市龙岗区横岗街道西坑小学。曾被评为龙岗区优秀教师、区大运工作"文明之星"、区骨干教师、区"优才培养对象"。

从教以来，曾多次指导学生参加各类比赛，获区级辅导奖一等奖、市级辅导奖二等奖；在龙岗区第一、二届手机微课程比赛中，曾获二、三等奖；在深圳市教育局及市电教馆举办的论文、课件评比赛中，撰写的论文获得市级三等奖，制作的课件获市级二等奖。自加入工作室以来，她曾多次在进修学校承担区级微课程培训课，主持的区级课题《爱单词运动之巧学巧记行动研究》已顺利结题。

➡ 孟剑玲——工作室成员

　　孟剑玲，小学语文高级教师，省级骨干教师，任教于深圳市龙岗区平湖外国语学校。

➡ 蔡培鑫——工作室成员

　　蔡培鑫，本科毕业于华南师范大学物理与电信工程学院，中学物理一级教师，现任学校科技创新中心负责人，九年级年级长、初中物理科组长、九年级备课组长，九年级物理教师。从教以来，他始终坚持"关爱每一个学

生，让每一个学生成为最好的自己"的教学理念，担任班主任多年，有多年初三教学经历。

　　2011国培计划义务教育初中物理骨干教师；因中考教学成绩突出被评为"宝安区中考教学工作先进个人"；获第四届全国中小学信息技术创新与实践活动"教学实践与评优"全国决赛二等奖；"一师一优课，一课一名师"省级优课获得者；获龙岗区初中物理青年教师基本功比赛一等奖，深圳市第四届中学物理青年教师教学技能比赛二等奖，深圳市初中物理现场命题比赛一等奖；深圳市龙岗区教育督导室兼职研修员，龙岗区优秀班主任，龙岗区优秀校园科技节主持人；获龙岗区实验技能比赛二等奖，龙岗区手机微课比赛二等奖；龙华新区大浪街道优秀班主任，深圳市文汇中学优秀班主任，深圳市中小学航空航天模型比赛优秀辅导员，第八届"我爱祖国海疆"全国青少年航海模型竞赛深圳选拔赛优秀辅导员，深圳市中小学车辆模型比赛优秀辅导员；Intel教育作品《不断运动的地球》被深大师范学院评为优秀作品；多次校年度考核优秀；获深圳市文汇中学青年教师课堂竞赛一等奖；深圳市文汇中学优秀家校老师，深圳市文汇中学优秀帮教老师；主持区课题《基于Ai School云平台的初中物理高效复习策略研究》；承担市级公开课1次，区级、校级多次公开课并取得良好效果。

➤ 陈琳——工作室成员

陈琳，小学数学一级教师，任教于深圳市龙岗区育贤小学，现任六年级班主任。曾被评为龙岗街道优秀教师，宝龙街道优秀指导老师。

曾承担区级公开课教学，积极参加各类比赛和学习。曾获龙岗区小学数学命题比赛获二等奖，龙岗区第二届手机微课一等奖；在深圳侨报发表《他要的只是一个表扬》教育文章。曾担任龙岗区《手机微课程开发与应用》培训教师，参与区级课题《关于引导小学四年级学生课堂有效交流的研究》。

➤ 胡淑娜——工作室成员

胡淑娜，初中生物教师，现于深圳市龙岗区信德学校任教。

在龙岗区教学比赛中多次获奖，获得深圳市微课比赛一等奖、龙岗区手机微课比赛一等奖、龙岗区生物实验教学说课比赛一等奖、龙岗区命题比赛一等奖等，为龙岗区的老师开展过《手机微课程开发与应用》区级讲座；文章《"以事证理"——领悟生活德育》曾刊载于松岗教研动态。

阳满——工作室成员

阳满，中学音乐教师，任教于深圳市龙岗区平湖信德学校，现任音乐科组长。曾被评为龙岗区优秀教师。

2015年参加龙岗区廉洁党歌教师合唱大赛并获得"优秀指导教师"称号；2016年在龙岗区中小学优秀论文比赛中获学组二等奖，主持区级课题《小学音乐课堂中简谱识谱教学的重要性研究》。

刘左匡——工作室成员

刘左匡，深圳中学龙岗小学数学老师，龙岗区骨干教师。曾多次被评为街道优秀中队辅导员、班主任，区优秀少先队志愿辅导员。多次在龙岗区举行的教育教学技能比赛中获奖，如曾获龙岗区首届青年教师科研能力比赛一等奖，龙岗区小学数学命题比赛一等奖，龙岗区小学数学模拟上课三等奖，龙岗区小学班主任能力大赛二等奖等。创设的《挑战大脑——三年级数学活动课程》入选2016年深圳市"好课程"。

➡ 胡青佑——工作室成员

胡青佑，小学科学教师，任教于深圳市龙岗区清林小学，现任科学科组长。曾被评为龙岗区优秀科技教师，龙岗区优秀科技工作组织者，龙岗区十佳校园科技节主持人。

致力于科学实践活动与创客教育研究，主持广东省青少年科技中心教育游戏课题《牙签泡沫搭桥承重能力的研究》、区十三五教育规划课题《小学科学教学创设劣构问题情境案例研究》，参与了市好课程《清林5i创客课程》的编写，指导学生参加各级科学科技竞赛，所指导的学生获中国少年科学院小院士、小实验家等荣誉称号，所主持各届校园科技节均获评龙岗区优秀校园科技节。

➡ 姚依涵——工作室成员

　　姚依涵，小学数学一级教师，任教于深圳市龙岗区育贤小学，现任数学科组长。

　　曾获国家信息化大奖赛三等奖，深圳市微课大赛二等奖，龙岗区教学技能大赛三等奖、论文比赛二等奖和录像课比赛一等奖等奖项。主持区级课题《基于微课的翻转课堂教学模式在高段教学中的应用研究》。

➡ 赖康梅——工作室成员

赖康梅，小学语文教师，任教于深圳市龙岗区平湖外国语学校。曾被评为优秀班主任、优秀少先队辅导员。

曾在龙岗区青年教师教学技能比赛中获得三等奖。德育论文获得深圳市龙岗区德育论文比赛二等奖，获深圳市微课比赛二等奖，以及其他各类奖项。秉承"梅花香自苦寒来"的人生格言及"每一颗童心都值得灌溉，每一个梦想都值得呵护"的教育格言。

➡ 黄雅妍——工作室成员

黄雅妍，小学语文二级教师，任教于深圳市龙岗区平湖信德学校。

从教期间积极参加各项比赛，曾参加2016—2017年度首届手机微课程大赛，其作品《三年级作文写作教学》获龙岗区三等奖，并曾获平湖街道小学语文"单元主题教学"说课比赛二等奖、平湖街道首届"知恩报恩杯"师生书法比赛二等奖、信德学校小学语文"单元主题教学"说课比赛特等奖、信德学校"我最喜爱的课外书"演讲比赛一等奖、2016—2017年度信德学校优质课比赛一等奖等。参与区级课题《书法课堂中德育问题的研究与实践》、主持区级课题《小学起步作文微课的开发与运用研究》。

冯林毅——工作室成员

冯林毅，小学语文高级教师，任教于深圳市龙岗区清林小学，现任年级组长。曾被评为横岗教育先进工作者，龙岗区优秀班主任，平时积极参与课题研究，参加区、市级的教育教学论文比赛并多次获奖。

黄德兴——工作室成员

黄德兴，小学高级教师，任教于深圳市龙岗区育贤小学。担任六年级语文备课组长、班主任。龙岗区骨干教师、龙岗区骨干班主任。获得过龙岗区优秀班主任、龙岗区优秀指导老师等荣誉。

热爱学生，勤于思考，笔耕不辍。近三年分别在国家、省、市、区级刊物上发表三十多篇论文及文章，指导学生在《七彩阳光》中发表十多篇文章。辅导学生在街道读书活动中获得一等奖、龙岗区三等奖。在街道读书活动中，获得二等奖。2017年12月主持的龙岗区小课题《关于引导小学四年级学生课堂有效交流的研究》被评为优秀课题。

吴小芬——工作室成员

吴小芬，小学语文高级教师，任教于深圳市龙岗区深圳中学龙岗小学。曾被评为龙岗区骨干教师、龙岗区骨干班主任、龙岗区教坛新秀等。同时，多次获得龙岗区骨干教师优秀学员、龙岗区骨干班主任优秀学员的称号。

曾有2篇论文在省级杂志《教育》上发表；说课比赛获全国特等奖；2篇论文获全国一等奖；论文《浅谈班主任工作智慧提升的有效方法》获广东省一等奖；论文《浅谈班主任魅力提升的方法》获广东省三等奖；市级示范公开课《花钟》深受深圳市教育科学研究院好评；市级示范微课《"精彩极了"和"糟糕透了"》在深圳市电化教育馆在线展播；多次参加区级课堂教学基本功比赛，并获青年教师素养（五项全能）大赛二等奖等；论文《浅谈学习语文的真正价值》《小学生写作能力培养策略研究》均获龙岗区二等奖；教学设计《丑小鸭》《浅谈二年级写话教学》等也都在区级获奖。主持省级子课题《微课促进青年教师专业成长实践创新探索》，主持区级课题《小学语文课堂教学中评课的实践研究》。

➡ 汪敏——工作室成员

汪敏，大学本科学历，区优秀教师。教学基本功扎实，注重实效，多次参加体育教师基本功大赛并荣获数十次一等奖；优秀健美操教练、优秀健美操裁判员；曾获优质课大赛一等奖等多项荣誉；坚持"爱并尊重每一个学生，用真诚去感染他们"的理念。

携手共成长

——工作室成员交流与研修

　　工作室的成立，是为了所有成员的共同成长。教师的成长需要研讨、交流、学习等，无论哪一种方式，目标都是一致的，那就是为了更好地研究教育教学。一切学习活动，都是围绕这个目标开展。携手一起成长，是工作室创立的初衷，也是工作室所有教师一起努力的方向。

互联网在线研讨

　　工作室的成员来自不同的学校，平时不太可能长期在同一个地方工作学习，因此，通过互联网方式进行研讨，就成为一种非常重要的交流和学习方法。

　　在工作室成立的时候，第二次通过在线交流方式进行探讨的主题就是工作室的发展有关的。具体如下：

我心目中的工作室——丁清尚特色工作室第二次研讨

主题：我心目中的工作室

主持：丁清尚

梳理：陈晓玲

参会：程尚远、梁金华、罗莎、陈晓玲、汪敏（以下简称姓氏）

时间：2013年6月8日15：15—15：45

一、会议流程

1. 谈谈自己进工作室的感想。

2. 对工作室的期望。

3. 想开展哪些活动。

4. 想达到怎样的目的。

5. 我们将如何努力。

（一）谈谈自己进工作室的感想

梁：互相学习，互相帮助，共同进步，创造美好未来。

程：人家说，道不同而不相为谋，而我们是同谋而来。咱们工作室的建立，有一种家的归属感。我们找到了为同一事情而努力的群体，也就有了合力。

丁：创造未来，家的归属感。大哥大姐说得很实在！

陈：能够进入工作室我感到很荣幸，我是抱着学习的态度来的，没什么教学经验，希望通过这个平台，提升自己各方面的能力，同时，也能多认识别的学校的老师，能够交到这么多新朋友，非常开心，向大家学习！

罗：聚成一团火，散作满天星。

（二）对工作室有着什么样的期望？

罗：2~3年成为龙岗区教育系统家喻户晓的工作室。

梁：工作室的成员通过这样的学习与合作，提高自己的工作能力，拓宽眼界。

陈：有成果、有学员、有讲座、有名气。

程：

1. 要有严谨的态度

工作室的本质是做事，做自己想做的事。用官样一点儿的话来说就是在做研究、做学问。

我们既需要鼓励的掌声，更应当接受坦诚的批评。掌声给我们动力，批评给我们方向。

只要我们方向明、动力足，就一定能有所发展、有所成就。

在研究团体内部，应当针对一个问题进行多方位思考，提出各自不同的意见。只有在整合不同意见的基础上思考，才能有提升、有发展。

2. 要有明确的短期定位和长期定位

我们工作室的定位是什么？

微课程脚本开发研究，还是整体的微课程研究？

如果说是微课程脚本开发，我认为至少要从这两方面努力：一是微课程脚本的创作；二是微课程脚本的评析。

丁：我期待我们工作室的成员都能成为享誉龙岗，受一线教师欢迎的全国名教师、名培训师、名微课程开发师。程大哥开始思考工作室的发展方向和脚本开发的深层次问题。非常感谢！

陈：我认为，微课程研究是建立在教学基础上的，我们不是为了做出精致的作品而做微课程，是为了服务于教学而制作微课程，要以教学为出发点，以教学为目的。所以，我也希望我们工作室的努力方向不仅仅在开发微课程，也在教学技能、班主任管理技能的提升上。

丁：晓玲道出了微课程开发的实质！服务教育教学，走专业发展之路！

程：的确，实用是第一位的。

罗：我赞同！要首先明确工作室的阶段性目标定位。

程：不能为了研究而研究，研究是为了服务实际这一目标。

汪：我个人认为，不管是一个家庭还是一个团队，需要的都是团结，不管遇上什么事——开心的、不开心的，和大家分享，有话就说说。毕竟一个人的烦恼除以六就没变得微乎其微了，而一个人的快乐乘以六就变成了大家的快乐。

（三）您期待在工作室开展哪些活动？有什么建议？

罗：首先要讨论确定好工作主题和发展规划。

程：我也是这样认为的。

梁：第一天，丁老师说了"五个一"，可以围绕丁老师的"五个一"来进行吧。

程：有目标，才有重点。

陈：很多工作室都有自己的课题或主题，而微课程则是比较大的方面，我们需要确定发展方向。赞成！

丁：英雄所见略同，没关系，可以调整，这个是大家关心的问题，我们以大家的核心话题展开未尝不可。

罗：我可能来晚了，没有看到"五个一"哦。没关系，我们先按主持人说的来讨论，确定主题和规划见面聊更好！

梁：刚才晓玲说的，服务于教学，以教学为出发点，以教学为目的的方向，好像挺好的。

梁：赞同丁老师的"五个一"。

陈：赞同罗老师，是的，主题和规划是需要长期酝酿的。

丁：根据雷老师的安排，我们工作室目前的方向定位就是脚本的开发——微课程最为核心的部分。

程：我感觉也是很好的。

陈：这个也是丁老师擅长的，有专业人士坐镇，应该可以做得好。

程：说真的，我选择这个就是因为我个人的特点而选的。有了丁老师的引领，我们一定会走得更远。

罗："五个一"有了，我们可以安排进度和分工，这样利于合作，边实践，边总结，边调整，边确定。

丁：基于此，初步设想有关于这"五个一"的活动，期待大家头脑风暴，把我们的活动做得更为扎实些，成果更多些，当然，不能离开教育教学，一切都要为教育教学服务，另外，要为区里提供更多的微课程资源，建设工作室的资源库。

梁：我总觉得，微课程是那种可以把复杂问题简单化，又可以给人以启发与力量的课程……丁老师说得很好。但我感觉范围还是有点大。如果说找个小一点的点做依托，即找一个相对明确的目标，可操作性可能会更强些。

丁：具体的规划，我会拟个初稿出来，到时候抽时间再一起探讨、修改、完善。

程：我感觉我和梁老师说的是两个部分。梁老师把微课程的特点说得很准。

陈：要开展的活动，我觉得可以先关注学习该领域的全国领先动态、专家点评等。同时，希望丁主任和其他老师能提供专业书籍书目、提供好的脚本作品或者成品。

丁：规划是我的本职工作，成就大家是我努力的方向！晓玲说得很好！前期的积累不可少，那是素材来源地。

程：目前可不可以先选择一定的资源开发脚本，我有两种想法：一是大家共同开展同材异本（我不知有没有必要性）设计；二是开发某一类材料的微课程脚本。大家分不同部分。先做系列的，在有一定规模时再开展第二种"同本异开"。

汪：教育教学所涉及的方面很多，我们得有条理系统地从某一方面着手。丁主任的"五个一"算是方向或目标，我们要把它细化，做出点实际的东西。其中班级管理与学科教学是学校教育的核心，涉及的内容也很多，就像上面晓玲老师说的我们可以在全国范围内已有的教育微课程基础上，继续开发关于班级管理与学科教学方面的微课程。

我想既然是工作室大家庭，除了分享与关心，还应该有庆祝，例如可以在大家生日时相聚一下，玩一玩，哪怕是一句问候亦是一个祝福。活动方式可以是一次例会，亦可以是室外游玩，或K歌释放皆可。该工作时工作，该研究时研究，放松时也该相聚一下。

（四）对于微课程脚本开发，您的困惑在哪里？可以做何努力？

梁：因为我们工作室是受雷老师引领创建的，那么我们看看能否做些可以服务于龙岗教育的微课呢？

丁：服务龙岗教育是必须的。来源于龙岗，服务于龙岗，从龙岗走出去！

程：这是我们团体存在的基础。说到微课程脚本开发，我感觉困惑的还是方向和素材。有了方向，就要找相关的素材来支撑我们的方向。

梁：我的微课技巧可能还有待提高。

丁：工作室的目的也是提高大家的开发技巧，以呈现更多优秀的成果。

梁：可能要我们平时看书、上网积累。有时是看到某种现象或某篇文章，觉得素材挺好，但在提取编辑时还有些茫然。

程：会出现专业的制作大师。

陈：脚本的开发也可以是多元的，例如可以从期刊论文中选，也可以是自身的教学经验。

丁：多元性，一元一方向。

汪：当然希望让微课程走出龙岗，冲向世界。更实在的是，提升教学质量，改变教学思想，发挥教育的最大作用。可以从我们各自感兴趣的方面入手，结合我们的专长，从微课程的脚本做起。针对一个脚本展示，大家共同评价与探讨，可以是学习好的方面也可以是评价需要改进的内容，研讨完，再修改，再制作，再评价。

丁：今后讨论都会以脚本为载体，进行研讨和开发脚本。

二、会议总结

丁：时间如白驹过隙，都超出预定的时间了，足见各兄弟姐妹们的热忱。我们都是一群热血青年，工作室的梦想由我们共同构筑，一路走下去，一路相伴，有梦想，有团队，我们不怕！

程：我们期待方向。

丁：谢谢大家的热情参与，今天研讨到此结束。方向就是我们前进的动力！我拟好初步规划后，会传群里，到时我们再规划！齐出发！

通过这种在线探讨的方式，对微课作品进行分析和点评，也是一种非常重要的学习途径。下面是对于《班级管理四招》《我和学生一起成长》微课程作品的看法，探讨时间是2013年9月10日，方式为网络研讨。

程尚远老师：

张秀云老师的《班级管理四招》

整体感觉作品制作精美，让人觉得很舒服。个人认为这四招中第二招做得最丰满：条理清晰、文字处理精练（个别幻灯片文字啰唆）、图片运用恰当，是最棒的。

商榷思考：

一、图片的运用

幻灯片中的文字应当起到画龙点睛的作用。第8～15张幻灯片中图片过大，占据了文字的位置，文字的效果没有凸显出来。如果稍微调整一下图片，让文字凸显出来就会让人耳目一新了。

二、脚本设置

第一招中只说出了营造温馨的居住环境（图片内容显示），是否注重了过程的温馨呢？比如在制作墙报时的合作、呵护绿色植物的场面，是否会让过程更温馨呢？

第二招中的脚本制作已经很完美，个别瑕疵可以避免。比如，第27张幻灯片"功夫不负有心人，

一个学期后，

情况便渐渐有了好转。

现在，

他能开始专心听课了，

并经常主动向老师请教问题。"

可否再简略些："功夫不负有心人，

一个学期后，

他渐渐地开始专心听课了，

还经常主动向老师请教问题。"

第三招过于笼统。

第四招整体看名字与图片相配，但第1张幻灯片上的脚本与后面的图片内容联系不大，没有起到脚本应有的作用。

杨水平老师的《我和学生一起成长》

杨老师的作品相对来讲注意了脚本和图片间的协调关系，整体感觉比较清爽。

商榷思考：

一、抓常规，不具体

比如，坐姿、读书、站队、课间活动的要求，以及用什么措施让他们形成规矩。

二、提出思考

那满页的小红花是怎么来的？是不是要交代明白呢？

梁金华老师：

有幸欣赏了《班级管理四招》和《我和学生一起成长》两个微课程作品，总体感觉作品挺不错的，能给观赏者提供一些微策略，值得一试。下面我来谈谈我个人的浅见。

作品《班级管理四招》中，这四招分析到位，语言简练，对于班级管理确实是挺不错的方法。

（1）引言部分我觉得可以"煽情"些，如：班主任，一班之主。做好了，班级太平；做不好，班级不宁。怎样能做得更好？请跟我一起来吧！

（2）策略2中，如果写成"用心感化学生"是不是更好？"感化"比"感动"层次更深。该策略中，举的两个例子都是"偏爱"后进生，第二个例子挺好，我觉得可以把第一个例子改成"严爱"优等生或是"博爱"中等生的例子。

（3）策略4中"丰富活动内容"可以写得具体点，写成"丰富班级活动内容"是不是更好？

（4）中间有一处地方的音乐没衔接好，如果用QQ影音来剪接音乐，可能效果更好。

（5）结束前来个策略回顾，可能会更好。

作品《我和学生一起成长》

第6张幻灯片中出现的"这就是一年级的学生"改成"这就是新入学的一年级学生"是不是更好？新入学凸显出这帮孩子还具有没受过良好教育的特点。

第9张幻灯片中出现的"①抓常规；②反复训练；③多表扬"讲得稍微简单了一些，最好能举个例子展示说明一下。

"书上贴满了小红花"和"即时对话"中的图片展示多了一些，类似的图片一张就可以了，点到为止。

罗莎老师：

一、《我和学生一起成长》

1. 主要优点：

（1）内容真实，材料丰富。

（2）逻辑清晰，针对性强，主要从学生的习惯和学习两方面来展示。

（3）基本掌握了微课程制作的技巧。

2. 主要不足：

（1）直接显示学生姓名和成绩是否妥当？

（2）题目是否偏大？值得商榷。

二、《班级管理四招》

1. 主要优点：

（1）白底黑字，明快清晰。

（2）用心积累素材，素材较为丰富。

（3）层次比较清晰地介绍了管理四招。

2. 主要不足：

（1）图片处理有待加强（配图的选择、设计排版和清晰度处理等）。

（2）音乐没有正常播放，节奏有待推敲。

（3）文字大标题要先于小标题出现，部分文字较多的页面可考虑让字动起来。

汪敏老师：

针对两个微课程的个人看法，有不妥之处还请见谅！

《我和学生一起成长》

（1）个人感觉题目与内容不是很匹配，题目给人感觉是事例型，内容大部分讲的是班级管理，属于策略型，所以建议修改一下。

（2）整个微课程前23张是老师经验交流所得的管理策略，后一半是针对考试成绩提高的应对策略，而最后总结又只是针对后一半的成绩提高策略而进行的，感觉不是一个整体。

（3）开头说的三点经验"抓常规、反复训练、多表扬"没有具体实例操作，却用了6张幻灯片描述学生变好的成效，是否可以简单描述一下："抓常规"如何抓？"反复训练"训练什么？"多表扬"针对什么情况表扬？如何表扬？等等。

优点：图片源于实际生活，富有感染力；"与家长及时对话"的方式值得借鉴；文字与背景相得益彰，整体效果还可以。

《班级管理四招》

（1）策略中"营造温馨班级"仅说了文化布置一项，其中包含了很多项，一共用了8张幻灯片，是否还有如制度建设、礼仪修养、德育等项目？

（2）"用心感动学生"中所举两个例子都是关于后进生的，能否举三个？分别对应"偏爱后进生""严爱优等生""博爱中等生"，或许效果更好。

（3）后面4张幻灯片都是图片，能否把最后有很多字的放入各个只有图片的幻灯片里，使其"图文并茂"，发挥最好效果。

（4）策略性微课缺少策略总结。

（5）为避免影响呈现效果，图片要尽量清晰一点。

这个微课整体效果还是很不错的，主题鲜明，步骤明确，很好！

陈晓玲老师：

《班级管理四招》

1. 优点：

（1）脚本内容真实，是教师的个人经验总结，可操作性强。

（2）图片丰富，并且经过美化边框处理，看起来较为美观。

（3）有些招数非常实用，例如布置班级文化，植物园看起来非常漂亮，直接给人以启发。

2. 缺点：

（1）题目为《班级管理四招》，实际看下来似乎有很多"小招"。

"一、营造温馨班级；二、用心感动学生；三、培养学生干部；四、丰富活动内容。"

每一个招数，几乎都可以做成一个微课程，因而这一个班级管理四招可以变为四个微课程，这样，也许重点会更突出。否则，看完这个微课程，很难说出具体是哪四招。

有些地方过于蜻蜓点水，如第2招，用心感动学生，提到了从生活问题入手，但具体是怎么做的，没有指出来，所以没有达到微课程所要的效果。建议具体化。

《我和学生一起成长》

1. 优点：

（1）经验积累，非常实用。

（2）内容丰富。

2. 缺点：

（1）题目《我和学生一起成长》，涵盖的范围比较广，脚本内容中有涉及行为习惯和学习成绩的，并且以学习成绩为重点讲解策略。学习习惯这部分较有条理，但培养行为习惯那部分似乎有点混乱。

（2）坐端正、排队排直线，这些都是班主任苦恼的事情。至于是如何做到的，该微课程没有展示做法过程，而只是展示结果，令我等无经验之晚辈想效法却苦于学习无门。

（3）图片建议再编辑一下，而不是直接作为背景图插入，这样给人的印象不够美观。

（4）有些PPT文字过多，给人的印象不够深刻，建议精简。

（5）音乐不能自动播放，不知道是不是我的电脑有问题。

（2013年9月7日晚，网络研讨意见收集）

综上来看，网络研讨是高效而且现实的，大家都可以通过在线方式参与，而且通过这种方式可以解决一些现实问题，从而实现教师能力成长。

微课脚本写作与修改

脚本设计为微课程中课程设计环节的重点部分。提高设计水平，是提高微课教学质量的主要途径。因此，微课程需要从脚本写起。

首先在于选题，其准备方法如下：

微课程题目应精练，应能够概括本节课的重点知识，以确保学生能够通过课程题目了解学习目标，全面把握本节课的学习脉络。题目尽量生动，确保能够激发起学生的学习兴趣，提高课堂对学生的吸引力。

"点化"处理教材内容，通过对学生课前预习情况的调查，确定课堂教学的重点，并将该重点作为微课程的题目展开教学，以提高教学的针对性。

其次在于选择和处理材料，选择以及合理提炼，细化素材。

微课程素材库内容较多，为确保教学过程简单有效，应根据本节课的教学目标，在素材库中快速选取相关内容。需注意的是，内容的选择应与教学规律相符合。以思想品德微课程脚本的制作为例，应选择能够弘扬正能量的知识点作为主要授课内容，如"拾金不昧""爱岗敬业""诚实守信"等。

在所提取的素材中，我们需要进一步选取高质量的内容作为课程的主要知识点，如应删除与课堂主线以及教学任务关联较小的部分，将其余部分保留，以提高脚本的制作质量；应整理能够体现该思想的素材，舍弃一部分内容，将核心材料作为主要内容制作课程脚本，以提高脚本制作的精练性。

质量是微课程脚本制作需关注的重点问题。选取与教学内容相关的核心素材作为主要内容后，仍需对其加以提炼，将无关的内容剔除，确保留存的内容能够紧紧围绕教学主线而展开，以提高微课程脚本设计的质量。

最后，一个好的脚本需要反复打磨。一个脚本通常需要反复修改，一个好的脚本修改四五稿都是很常见的事情。

为了更好地让教师学会写脚本，2013年10月22日，微课程特色工作室主持人丁清尚老师在龙岗区进修学校给龙岗区的教师们做了一个"微课程脚本制作"的专题讲座。

丁老师给老师们详细讲解了微课程的核心要素——脚本制作的相关知识，让老师们清楚地了解了脚本的来源、脚本的结构、脚本的特点、脚本的制作技巧等。丁老师还采用AB案对比讲解的方式，分享大量翔实的微课程脚本案例，并结合自己微课程的制作体验让老师们知道应该怎样对脚本素材进行删减、提炼与整合。

丁老师以小视频《人生的四项基本原则》和《数学小故事》拉开了"微课程脚本的开发与应用"讲座的序幕。接下来，丁老师通过一个个小视频和AB案的案例分析教学，深入浅出地介绍了微课程脚本编写的技巧，分别从课程引入、标题撰写、现象质疑、主题建构、规则说明、过渡穿插、问题追问、风险预测、策略推出和总结梳理十个步骤进行了详细而又生动的讲解，使得微课程脚本的开发与应用不再是站在高台上、遥不可及的技术，而是可触、可碰、可学、易操作的教学辅助和研究工具。

整场讲座通俗易懂，妙趣横生，特别是小组讨论微课程《漂流日记A》和《漂流日记B》异同的活动使该讲座进入了高潮，各组代表纷纷各抒起见，把本组的观点与看法用不同的表现形式展示给每一位老师，让每位老师都受益匪浅。听讲座的宋老师深有感触地说："原来微课程的脚本内容就在我们身边，日常教学中的小故事、小现象、小策略都是不错的素材，脚本的编写如此的简单：开门见山的引入、直观的标题、简洁的语言、步骤清晰的过程、更深层次的追问，制作微课程其实需要更多的精细观察和深度思考，下午的课解开了自己在编写脚本时的困惑，让人有一种豁然开朗的感觉，日后希望能够继续学习类似的课程。"

下面，我们一起来欣赏其中两个脚本案例。

【案例一】程尚远——微课程《谦虚的汉字》脚本五稿（龙岗区育贤小学）

微课程《谦虚的汉字》脚本五稿

初稿 作者：程尚远	第二稿 作者：程尚远	第三稿 作者：程尚远	第四稿 作者：程尚远	第五稿 改编：丁清尚
小学生之间常有一条不可逾越的"三八线"。怎么才能消除它呢?	"三八线"常出现在低年级的独生子女儿童群体中。怎么让它消除呢?	"三八线"常出现在低年级儿童群体中。怎么消除它呢?	"三八线"常出现在低年级儿童群体中。怎么消除它呢?	两小孩为"三八线"争论不休，互不退让，真烦，然而程老师却把这条线巧妙地抹掉了，他是怎么做的呢?一起看看去。
谦虚的汉字	写字巧斗"三八线"	巧斗"三八线"	巧斗"三八线"	巧斗"三八线"
我遇到了一件不大不小的事，让我为难。	今天，我遇到了两只小斗鸡。	课前，我遇到了两名学生斗气。	课前，我遇到了诚诚、李阳在斗气。	走进微课程
诚诚把我新买的橡皮扔了!	诚诚把我新买的橡皮扔了!	"诚诚把我新买的橡皮扔了!"		诚诚、李阳都是独生子女，争强好胜，不懂包容，自控力差。
我写字时胳膊越线了，她掐得我好疼! 我才扔的!	我写字时胳膊越线了，她掐得我好疼! 我才扔的!	"我写字时胳膊越线了，她掐得我好疼! 我才扔的!"	我询问，他们各讲其理："诚诚扔我橡皮!" "我越了座位线，她掐我!"	这不，他们又斗起来了! "谁让你越线了!" 诚诚掐了一下李阳。"哎哟，疼死我了!" 李阳叫了一声。
线、线，又是"三八线"!	线、线，擦了又起的——"三八线"!	唉，两个小家伙再次因线而战呀! 线、线，经久不息的"三八线"!	线、线，经久不息的"三八线"!	李阳不服。随手拿起橡皮往诚诚身上一丢——"砰……" "哎呀，打中脸了!" 诚诚也遭了一招。幸好我及时赶到，幸好没打中要害，不然，不堪设想……怎么办? 又是这条"三八线"!

初稿 作者：程尚远	第二稿 作者：程尚远	第三稿 作者：程尚远	第四稿 作者：程尚远	第五稿 改编：丁清尚
		怎么办？	怎么办？	三番五次，因线而战，几经教育，收效甚微。
现在的孩子，自我太多，谦让太少！	现在的孩子，自我太多，谦让太少！	（反观现象，反思学生特点）反思小孩：自尊心、自主欲强，好胜，自控力差，注意力不稳定，情感易变化。	反思小孩：独生子女好胜、自尊心强；包容心、自控力差。	为什么会这样？一起来分析，现象入手，反思特点。
		自我太多，谦让太少！		独生子女，自我中心，不肯谦让。
擦了又起的线——"三八线"！				此类现象比比皆是。
		反思教育：谦让道理——太泛、太轻。谦让故事：太远、太虚。	反思教育：谦让道理：太泛、太轻。谦让故事：太远、太虚。	如果是你，你会怎么做？
		冲击力不强	内心共鸣不强	思考思考，你会？
		结果：频频拉起"三八线"	结果：频频拉起"三八线"	大骂一顿，罚抄书，罚站，写检讨，找家长投诉，数落他们的缺点……
怎么办呢？	绝非个案，怎么办呢？			把他们说得一无是处，这样真的好吗？
谦让道理：太轻；谦让故事：太远。	谦让道理：太轻；谦让故事：太远。			可否换个角度，找找他们的优点。"嗯，主意不错。"再想一想。他们的书写不错、平常很听话、作业写得很棒……

续　表

初稿 作者：程尚远	第二稿 作者：程尚远	第三稿 作者：程尚远	第四稿 作者：程尚远	第五稿 改编：丁清尚
		怎么办？	怎么办？	呵呵，机会来了！
常见的、又能让他看到的，有吗？	常见的、直观的办法有吗？	身边有更好的直观办法吗？	身边有更好的办法吗？	字如其人
写字课，要写"树"。灵感来了！	写字课，要写"树"。	写字课，要写"树"。	写字课，要写"树"。	一次写字课
	灵感来了！	灵感来了！	灵感来了！	要写"树"字。
		让他们主动出击！	让他们主动出击！	老师先板书
范写，有意第四笔写成"捺"。	单个汉字华丽转身做偏旁，写法有变！（由单字到偏旁，写法有变化）何不……			板书：木—树，两字中"木"字写得大小一样，笔画一样。
	范写"树"时，我故意把第四笔写成"捺"。	板书：木—树。（两字中"木"字写得相同）	板书：木—树。（两字中"木"字写得相同）	"老师，'树'中的'木'字写错了！第四笔应当是点。"诚诚、李阳异口同声地说。
"老师，错了！'树'第四笔应当是点。""怎么会呢？'木'的第四笔就是'捺'嘛！""不对，木的第四笔应该是'捺'，可是'木'在树字中是成了'木'字旁，第四笔就变成了点。你看书上呗！"	"老师，错了！第四笔应当是点。""怎么会呢？'木'的第四笔就是'捺'嘛！"	"老师，树中的'木'写错了！第四笔应当是点。"	"老师，树中的'木'写错了！第四笔应当是点。"	"怎么会呢？'木'的第四笔就是'捺'嘛！"我故意狡辩道。"不对，'木'的第四笔应该是'捺'，可是'木'在树字中是成了'木'字旁，第四笔就变成了点。不信，你看看书上呗！"诚诚认真地说。

初稿 作者：程尚远	第二稿 作者：程尚远	第三稿 作者：程尚远	第四稿 作者：程尚远	第五稿 改编：丁清尚
我心中高兴：鱼上钩了！"为什么要变成点呢？长长的捺不好看吗？" "如果不写成点，右边的'对'就没有位置了，'树'整体就不好看了。"				我暗自高兴，再次反问道："为什么要变成点呢？长长的捺不好看吗？" "如果不写成点，右边的'对'就没有位置了，'树'字整体就不好看了。"李阳也站起来辩护。
		嘿嘿，鱼咬饵了！	嘿嘿，鱼咬饵了！	"你们真仔细，说得太好了！"
		往下看……	我借机表扬了他们。
		"怎么会呢？'木'的第四笔就是'捺'嘛！"	"怎么会呢？'木'的第四笔就是'捺'嘛！"	他们的脸上都乐开了花。
	"不对，'木'的第四笔应该是'捺'，可是'木'在树字中是成了'木'字旁，第四笔就变成了点。" "你看书上呗！"	"不对，'木'的第四笔是'捺'，可是'木'做偏旁第四笔就变成了点。" "你看书上呗！"	"不对，'木'的第四笔是'捺'，可是'木'做偏旁第四笔就变成了点。" "你看书上呗！"	"'木'的第三笔是'撇'，第四笔是'捺'，这一撇一捺分别朝两边舒展开来，真是很美。"
	我心中窃喜：鱼上钩了！	我心中窃喜：鱼上钩了！	呵呵：鱼上钩了！	"可是到了'木'做偏旁时它就收回了那长长的捺，变成了短短的点。"
			接着看	"那么，它为什么这样做呢？"我继续追问。

初稿 作者：程尚远	第二稿 作者：程尚远	第三稿 作者：程尚远	第四稿 作者：程尚远	第五稿 改编：丁清尚
	"为什么要变成点呢？长长的捺不是更好看吗？"	师："长长的捺不是更好看吗？"	师："长长的捺不是更好看吗？"	"它这样做就是为了给右边的汉字或笔画留下足够的空间。这叫谦让。"
	"太占位置了，'树'整体就不好看了。"	生：太占位置了，汉字要看整体呀！	生：太占位置了，汉字要看整体呀！	诚诚如是说，此时李阳和诚诚似乎听懂了什么。
"大家说得真好！'木'的第三笔是'撇'，第四笔是'捺'，这一撇一捺分别朝两边舒展开来，真是很美。" "可是到了它做偏旁时，它就收回了那长长的捺，变成了短短的点。它这样做就是为了给右边的汉字或笔画留下足够的空间。这就叫谦让。在汉字里，除了'木'懂得谦让，还有许多字也懂得谦让，你能找出来吗？"	大家说得真好！ 做单个字，一撇一捺两边舒展，真是很美。 和其他字组合，就要让一让，就是谦让。	合体字，让一让更美丽！	合体字，让一让更美丽！	合体字，让一让，更美丽！
	看看，汉字也有品质哟！	让一让，汉字的品质。	让一让，汉字的品质。	让一让，汉字的品质。
		你看到了吗？	看到了吗？	字如其人！
	还有哪些汉字中有谦让的品质呢？	哪些字还有谦让的好品质？	想一想：哪些字还有这样的好品质？	想一想：还有哪些字有这样的好品质？

初稿 作者：程尚远	第二稿 作者：程尚远	第三稿 作者：程尚远	第四稿 作者：程尚远	第五稿 改编：丁清尚
老师：女 雨、舟……	禾——程； 舟——船； 雨——霞 ……	禾——程； 雨——霞； 舟——船 ……	禾——程； 雨——霞； 舟——船 ……	禾——程； 雨——霞； 舟——船 ……
一石激起千层浪				一石激起千层浪
把捺变成点，横变提，竖变点。	捺变点，横变提，竖变点……	捺变点，竖变点，横变提……	捺变点，竖变点，横变提……	捺变点，竖变点，横变提……
			5秒钟想一想：看到什么了？	汉字品质，无处不在。
		汉字谦让真美丽！	汉字谦让真美丽！	难得同桌！
	这变化为的是什么？ 笔画和睦，字形美观、大方			互相谦让，和睦相处，真的很美！
这是谦让，为的是让人们看起来好看。 我们学习认识汉字、学写汉字，更要学习汉字的品质。	学汉字的主人是谁呢？ 聪明的我们该怎么做呢？	我们向汉字学什么呢？	"三八线"该不该抹去？	从此，诚诚、李阳之间的"三八线"消失了。
		谦让、互利		抓住教育契机，彰显教育智慧
	身边的教育契机太多，将您的发现分享一下吧！	教育契机稍纵即逝，抓住了就创造一个美丽！	教育契机稍纵即逝，抓住了就创造神奇。	怎么样？ 是否给您带来一些启发？
		回头看看，汉字真的很美！	回头看看，汉字真的很美哩！	

【案例二】陈晓玲——微课程《完美家长会七招》脚本AB稿（龙岗区平湖外国语学校）

《完美家长会七招》脚本AB稿

完美家长会七招 作者：陈晓玲	完美家长会五招 改编：丁清尚
家长会是什么？ "告状会""成绩发榜会""赛富会"……	又到家长会了，家长怕了，老师愁了，学生苦了，怎么办？陈老师带给你完美家长会。
这些都是"变味"的家长会！	走进微课程
《完美家长会七招》	完美家长会五招
有些老师很愁开家长会，为什么？	家长会每学期一次，原本是交流的好时机，然而，来的人少了，甚至不来了。 为什么会这样呢？ 思考思考。
因为他们实在想不到家长会要做些什么。	一起来分析。
确实，一次没有内容的家长会，开了还不如不开！	每次家长会，它成了……
老师们不必发愁，下面为您介绍开家长会的七大招数。	告状会，成绩发榜会，赛富会，一言堂，独角戏…… 以上现象是否有？长此以往……
第一招：班级"好作业"	老师愁，家长烦，学生苦，实效差
平时家长只看到自己孩子的作业，不知道别的孩子的作业什么样。	怎么办？ 不要紧，请跟我来，介绍一组策略给你。
家长会上，在班里设置"好作业"展览区，分门别类展出各科的优秀作业。	招数一：好作业展览。 招数二：成长记录册。 招数三：轮流讲。 招数四：晒优点。 招数五：多元评价表。
不怕不识货，就怕货比货	招数一：好作业展览
家长心里都有一杆秤，好作业自然会让他们心动不已。 对比之下，自然知道该如何要求自己的孩子。	在班里找个区域将其设置为"好作业"展览区，分学科，分种类；好作业放一边，不够好的也放一边。一比较，很醒目，好不好家长心里很明白。
第二招：小组作品展	招数二：成长记录册
班级走廊两侧挂满学生的合作学习成果： 班级手抄报、书画作品、手工作品……	每名学生一份

看得见的成长

完美家长会七招 作者：陈晓玲	完美家长会五招 改编：丁清尚
可别小瞧这一份小作品，它展示了学生的写字能力、绘画能力、资料整理能力、审美能力。	成长记录册 记录什么？ 记录……
家长们会发现，自己的孩子在实践中的优缺点。	各科成绩，点滴进步，校园生活，所获荣誉。 存在优缺点，同学鼓励的话，老师寄语……
第三招：成长记录册	成长记录册，学生成长路
学生在记录册上记叙自己的生活历程，写上成长感悟，还有同学鼓励，老师寄语……	家长信息窗： 能不感动吗？
家长平时工作忙，看着这一本"成长记录册"，感动不已……	招数三：轮流讲。 家长会=老师的"一言堂"？NO!
第四招：有话"大家"说	变一个人"演讲"为"大家讲"—— 学生讲，科任教师讲，学生家长讲……
家长会=老师的"一言堂"？开会，开会，开会……	班干部各司其职，各自汇报，汇报班级工作（含活动、成绩、进展等），或表演节目。
家长们到底想听什么？成绩分析？	形式不限，人人能干，家长高兴，老师轻松。
成绩好的家长听成绩，心里早就有底了。	招数四：晒优点
成绩不好的家长听成绩，越听心里越窝火，心想"回去揍一顿"。	每位家长：写一写孩子优点、说一说教育故事，家长会上晒一晒
不如，变一个人"演讲"为"大家"讲。	夸奖孩子，表扬自己。
学生讲、科任老师讲、学生家长讲……	共同进步
班长——汇报班级日常工作。 文体委员——汇报班级文体活动。 学习委员——汇报学习情况和成绩排名。 劳动委员——汇报班级管理和好人好事情况……	招数五：多元评价表 每名同学一张评价表
家长看到孩子能说会道，心里肯定特高兴！	多人评价
第五招：成功家长谈	自己的话，同学的话，老师的话，父母的话
用具体故事和成功的教育实践，引起其他家长内心的震动。	家长看完后写下自己想说的话。 可以祝愿，可以承诺，可以建议……
你是如何培养这么优秀的孩子的？	评价多元，客观公正
你的孩子最近做过哪些让自己感动或欣慰的事？	呵护孩子，健康成长

完美家长会七招 作者：陈晓玲	完美家长会五招 改编：丁清尚
让家长们夸奖自己的孩子，他们会把表扬带回家。	再一起来回顾一下——
第六招：好书同分享	招数一：好作业展览。 招数二：成长记录册。 招数三：轮流讲。 招数四：晒优点。 招数五：多元评价表。
一个能够让家长内心有所想的家长会，才是一个成功的家长会。	怎么样？
不妨向家长们推荐一些有关培养孩子的好文章和好书。	这些招数是否能给您带来一些新的想法？一起打造完美家长会吧！
第七招：多元评价表	家长会完整呈现点滴进步，呵护孩子点滴成长，完美就从点滴做起！
每名学生一张评价表，分为四部分：	
自己的话、同学的话、老师的话、父母的话	
家长会上，家长可以看到其他三项。	
看完后，请家长写下自己对孩子所要说的话。	
让我们再来总结一下—— 第一招：班级"好作业" 第二招：小组作品展。 第三招：成长记录册。 第四招：有话大家说。 第五招：成功家长谈。 第六招：好书共分享。 第七招：多元评价表。	
怎么样？这些招数是否能给您带来一些新的工作想法？ 一起打造完美家长会！	
有充实内容的家长会才是成功的家长会。 把孩子的点滴进步都完整地呈现给家长。	

由此可见，好的脚本对于微课教学来说非常重要。一个好的脚本，需要反复打磨，通过对比，可以更好地认识和把握。尤其是对于微课新手来说，脚本打磨是一项基本功，需要勤学勤练。

课题研究

　　课题，是引领教师成长的有效手段。丁清尚微课工作室自成立以来，通过单独承担、合作开发等多种方式来进行教育教学课题研究，促进了工作室成员的专业化发展。

　　【单独承担课题案例】《中小学德育微课程资源库建设研究》

《中小学德育微课程资源库建设研究》课题顺利开题

　　2014年1月9日，由丁清尚老师主持的《中小学德育微课程资源库建设研究》课题开题报告活动在龙岗区平湖外国语学校E3会议室顺利举行。全体课题组成员以及平湖外国语学校各年级长、科组长出席了会议，参与本次开题的专家组成员有区教师进修学校科研部主任胡凯，区教师进修学校科研项目负责人鲍远根，区教师进修学校科技教育负责人李隐三人。

　　报告会先由工作室助理陈晓玲老师分别从研究背景、课题核心概念、国内外研究现状、研究内容、研究重点、研究思路、研究方法及预期成果等方面详细汇报了该课题的情况。随后，开题专家组三位成员分别就该课题作出评价、提出建议，三位专家给予该课题充分肯定，并一致认为该课题报告文本写作规范、文献研究扎实、研究思路清晰，选题研究价值高。同时，他们还在研究问题的提出、研究目标、核心概念的界定以及研究成果的设计及后续使用等方面提出了建设性的意见，建议课题组要将研究融入教学实际工作中去，将研究内容进一步细化，在研究中做到理论联系实际，通过研究课题解决教学工作的实际问题，将教研工作和提高课堂效率有效结合。

本次课题开题报告为课题的进一步完善指明了道路，使课题组成员对研究的课题有了更深层次的认识，他们更加明晰了课题研究的意义和实施方法，还进一步认识到课题研究对促进学校教育教学工作的深远作用。

【合作课题研究案例】深圳市好课程"童话创作"

童话，多么美好的词啊！从2015年开始，我们跟着名师工作室主持人丁清尚老师做了一件美好的事。现在，《童话创作》作为深圳市"好课程"委托开发项目已经顺利结题啦！

本课程以《小学语文课程标准》为基本依据，以《低年级童话教科书》为主要素材，从学生的认知水平、生活经验和兴趣爱好出发，以童话故事为核心，以多种课内和课外活动为载体，以自主、合作、探究为组织形式，从知识、能力和素质三个维度，提升学生的综合素养。

本教材以语文课程的辅助材料与拓展材料为定位，主要将阅读、写话和口语交际作为教学重点。精选了多篇童话和寓言故事，从知识教育层面、能力教育层面和情感教育层面对语文教学进行补充、升华和完善，力求全面满足新课标对于小学生语言能力的要求，促进学生综合素质的发展。

深圳市好课程"童话创作"成果展示

自2015年9月，深圳市首批"好课程"委托开发项目启动，到2017年11月《童话创作》作为首批好课程顺利结题，我们经历了太多成长的洗礼。大家能力的提升，心灵的成长，思维的渐成体系，都离不开丁清尚老师的引领，离不开大家共同的努力，互帮互助，相持成长。

深圳市教科院贾建国博士多次指导修改，让我们精益求精。丁清尚老师的引领，小伙伴之间的互帮互助，让我们的课程渐成体系。

童话总是以有趣的故事，奇妙的想象吸引着我们这些大小读者。但是，有计划、有目的地把这些童话梳理出来，按照主题选择，按照内容编排，按照发展需求阶梯指导，让一二年级的孩子得心应手地书写童话并没有那么容易。

我们参考了大量的童话作品素材，从耳熟能详的《安徒生童话》到现代冰波等大师的经典作品，从远古神话传说中的童话因子，到孩子们自己口里编出的稚嫩语言，一本本书翻厚了，一页页纸又翻薄了，我们整理出了适合一二年级孩子进行语言和思维训练的童话作品。

故事有内涵，创作有方法，需要得讲求，怎么把这些优秀的童话展现给孩子们也是非常重要的。多次教研、磨课，我们选择最好的方式，让学生在快乐阅读中自然内化作品。在这里，我们要感谢这个充满魔力的团队。

自"好课程"开题以来的这两年时间里，我们保持着良好的交流习惯。

两年来，我们分年级组织了学生讲故事比赛，课本剧比赛，续写编故事比赛，手绘创作绘本等等一系列的活动。开展语文嘉年华，获得了学生、家长、学校的一致好评。学生的口语表达能力、想象力、语言整合力都有显著的提升。同时我们将"好课程"的研究成果落实到课堂中，开发"第二课堂"，给学生提供广阔的阅读空间，给孩子更专业的精读指导。

2016年"中国童话节"，在各班老师的指导下，共有143份参赛作品，获得金奖15人，银奖21人，铜奖28，优秀奖79人次。我们组织老师对还不错的作品进行深度整理、分类、修改，会变成《平外好童话100篇》，这是对学生学习成果的肯定，也是对我们童话创作研究与实践的认可。

在深圳市"七彩阳光"童话征文活动中，我校一（3）班古添权同学获得二等奖，陈翠萍老师获得"优秀指导老师"称号。每个班级都在赛后把自己班级的优秀童话作品整理起来做成班报，同学们感受到了创作的乐趣，更感受到了浓浓的成就感，这为学生的创作发展奠定了底色。

老师们在对学生进行指导交流的过程中也在不断反思和提升，把实践理论化，还因此撰写了具有一定水平的教学论文。

　　"好课程"的顺利结题，使我们收获的不仅仅是一个课程，更多的是沉甸甸的思考，是经验的积累，是专业水平的提升。而学生收获更多的是，写作兴趣的高涨，创作水平的提高，综合素养的提升，以及满满的写作自豪感！

　　课题具有集中性研究的特点，通过课题研究方式，可以综合调动资源，综合运用各方面能力，全方位提高工作室成员的微课教学水平。

主题讲座

2018年6月21日下午，丁清尚名师工作室主题研讨活动在清林小学二楼会议厅开展。本次活动邀请了重量级嘉宾谢昆林校长，他给工作室老师做主题为"聊聊生本教育"的讲座分享。

谢昆林校长做主题为"聊聊生本教育"的讲座

谢昆林是深圳市龙岗区引进的高层次人才，现任深圳市龙岗区吉祥小学校长，市级小学语文骨干教师、县级小学语文学科带头人，荣获首届江西省优秀中小学校长、江西省课程改革先进个人、赣州市先进教育工作者和龙岗区优秀校长等多项荣誉称号。先后任农村完小、乡镇中心小学、县城重点小学和吉祥小学校长21年，创办两所新学校。

谢校长任职的吉祥小学以"全人教育、教育本真、绿色质量"作为教育价值追求，倡导"生本教育造就最好自己，适合教育成就幸福人生"的办学理念，追求"打好人生底色，储存美好记忆，享受幸福吉祥"的办学目标，把"让师生员工都得到充分的尊重、公平、赏识与发展！让孩子们的成长之路伴随平安、关爱、童趣与书香！让家长在孩子成长中获得理解、参与、帮助与快乐！"作为办学宣言。多年来，他践行生本德育、生本教学、生本训研，探索生本课程体系建设，把新学校创办成生本教育特色学校，积累了大量可复制的课改经验。

在今天的讲座中，谢校长以"如何提高学生的核心素养"为切入点，谈了生本教育的深刻内涵，提出"核心素养就是在基础知识之外更高一层的素养，无论你以后做什么都需运用这些素养"的观点。谢校长给在场的老师们抛出了一个问题："你觉得核心素养是什么呢？"现场的老师们畅所欲言，谢校长耐心地倾听每一位老师的回答，并鼓励老师们大胆表达自己的想法。最后，谢校长娓娓道来，提出诸如学科素养、学习能力、健康的心理品质、赏识谦让的优秀品格、文明流畅的表达能力、合作精神等都是重要的核心素养。在场的老师们频频点头表示赞同。

在老师都对生本教育很感兴趣但对如何开展感到疑惑时，谢校长给老师们分享了他所在学校每个学科的课堂实录，这些生动的视频中都体现了生本教育：学生们在课堂上自如地进行小组讨论，充分体现了新课程背景下以学生为主体，充分发挥学生主观能动性的要求，落实了素质教育中对学生创新精神和实践能力的培养。一名工作繁多的校长，能够常常观摩课堂，并用手机随时记录课堂中学生的表现，最后积累成系统的资料，这种坚持不懈地做一件事和工作上一丝不苟的精神值得我们敬佩！

老师们听完谢校长的讲座收获很多，纷纷阐述自己的心得。

蔡培鑫老师说："提高学生的主体地位不应该是一句空话，也不应该是一种模式，而应该针对不同教学环境采用不同的接地气的做法，让学生和教师一起切实成为课堂的主人。让学生在互动交流中参与，拥有动手探究、练习实践、表达展示、质疑争辩的机会，使每个人都尝到参与的乐趣，体验到成功的喜悦。"

蔡伟奇老师说："'苟日新，日日新，又日新'，今天听了谢校长的讲座，我对生本教育有了新的理解。人不管是在生产落后的远古时代，还是在文明高度发达的当今社会，都需要有获得生活资料的能力和生活、生产技能。生本教育是一种以爱学生为基础，依托学生生命本能，激发学生内在学习本能而自我成长，主动发展的教育；是以关注生命，联系生活，追求生动，注重生成，促进生长为根本的素质教育核心。讲座为我们今后的教学工作开拓了思路。"

罗莎老师说："生本课堂不是高效课堂，注重学生为本的课堂才是真正的高效课堂！学法的高效远远大于分数的高效。看着谢校长认真记录的一个个课堂实录，我不禁肃然起敬，我们要做一名科研型教师，与孩子们一起坚持阅读和记录、总结、反思，赋予教育生命的力量！"

王永芬老师说："听君一席话，使我颇有豁然开朗的感觉。谢校长在讲座中充分调动大家的积极性，让我们在充分发表观点之余，再将自我的教育观点和思考娓娓道来。其中让我印象深刻的一个问题是——核心素养与素质教育之间的联系。作为一名一线教师，在面对像核心素养这样的关键词时我容易犯晕，常常不知该如何在教育教学中实践。谢校长似乎看穿了我的困惑，先从学科素养着手，指导我们在素质教育中做到学科知识能力达标；再从实践创新、学会学习、责任担当、健康生活等方面向我们全面解说，让我们明白在素质教育大背景下，面对核心素养这一关键词，该如何找准立足点。同时让我明白，在日常教育教学中我应该做些什么，启发我去更多地思考在我的课堂教学中该怎么做才能让每一名学生有所收获。"

程尚远老师说："今天听了谢校长有关生本教育的讲座，收获良多。感触最深的是吉祥小学从以学生为本的角度开设课程，多方面、多角度地让学生参与课堂、展示自己，为学生核心素养的发展提供了良好的基础。生本教育的有效落实，既可以锻炼学生，又可以成就老师。学生在教育活动当中锻炼了自己，提升了个人的综合能力，为自己的终生发展奠定了坚实的基础。学生有了能力，考试自然不成问题，从另外的角度也成就了老师。我们一线老师不能从总体上设计，但是我们可以从自己的日常教学入手，给学生提供锻炼的平台和发展的空间，以达到生本教育的最终目的。"

黄婷老师说："比掌握基础知识和基本技能更为重要的是培养学生的情感和悟感，我们的教育不仅要教会学生学会学习，更重要的是还要教会他们理解生活、热爱生命。这是我听完谢校长'聊聊生本教育'最大的感受。"

李佳敏老师说："素质教育最重要的是发展核心素养，而生本教育的意义也是关注学生核心素养的发展。谢校长说要让学生核心素养发展落实在日常课程教学之中，让课堂真正成为课程改革、素质教育的主阵地。所以，在日常的教学实践中，在爱学生的前提下，我们要尽可能地激发学生内在的学习本能，让学生自我成长、主动发展。"

冯林毅老师说："谢校长的生本教育理念很接地气，以学生为本，让学生学会学习，学会思考，敢于质疑，培养孩子成为自信、阳光的好少年，这正是素质教育的核心。回到现实中，素质教育与分数也不相冲突，老师精心设计有趣的课堂，鼓励孩子们在课堂中积极参与，大胆展示自我，孩子们从中学会倾听，学会合作，联系生活，注重生成，把素质教育落实到每一节课上。"

曾诚老师说："谢校长的生本教育理念给我很大的启发，特别是他提到的如何将核心素养与素质教育相结合的问题，引发了我的很多思考。我在想，我们语文学科的四个核心素养：语言建构与运用，思维发展与提升，审美鉴赏与创造，文化传承与理解，我有没有将它们作为我教育教学的目标呢？要真正培养学生的核心素养，我还有很多工作要做。谢校长还提到，一定要重视培养学生的心理健康素养，我也特别认同这一点。因为在我们身边，我们时常会看到一些孩子因心理问题而不能快乐地学习和生活，有一些甚至因此放弃了生命。那如何在我们的教学中去具体引导，还需要我们老师具备这方面的技能，一位班主任不仅要管好纪律，还要密切关注学生的心理健康。"

最后，工作室主持人丁清尚老师也分享了自己的感想："今天听了谢校长关于生本教育的专题分享，有创新、核心素养的培养、生本课堂教学、课程规划、素质教育如何落地等大量的干货，学生的素质教育、核心素养的培养是关键，生本教育能够让学生的综合素养真正落地。在生本教育的课堂里，不管是老师还是学生，都能够非常自信开放，勇敢表达，朴实无华，学生在课堂教学中敢于质疑，敢于批判，敢于表现，思维活跃。这种课堂的即时生成能够给学生成长创造非常好的土壤，也更考验老师的教育智慧。总的来说，以生为本，在爱的基础上，我们要扎根课堂，扎实教学，用心组织，联系生活，全面激发学生积极主动和敢于表现的潜能，让学生始终充满好奇心和表现力，这样学生才能够不仅有好成绩，更有好素养。"

丁老师不忘勉励工作室成员要积极学习，不断提高自身的能力，还给老师们发了一本书，并布置了读书分享的任务，希望老师们在工作之余能够享受阅读的乐趣并且不断提升自己。

　　讲座结束后，老师们依然饶有兴致地和谢校长一起探讨生本教育，这是一次思想上的火花碰撞，也为丁清尚名师工作室的老师们打开了另一扇通往新世界的大门。"问渠哪得清如许？为有源头活水来"，相信在名师名校长的指引下，丁清尚名师工作室会有更上一层楼的发展！

名师指点

对于一些想要更好地进行微课教学和研究的教师而言，在必要的时候，向微课专家学习，请名师指点，可以更好地发现问题，从而更有针对性地规避问题提高能力。

下面看两个微课案例点评。

【案例一】白描手法的特点及运用

微课作者：无为三溪初中　汤继锁

微课地址：http://blog.sina.com.cn/s/blog_d196608e0102vikz.html

点评：微课工作室丁清尚

汤继锁的"白描手法特点及运用"

点评内容如下：

您好，汤老师。

您的微课我收到了。这是您的处女作，能够做成这样相当了不起了，下面就简单说一说您的这集微课。

1. 从制作上来看，您用PPT制作本集微课程，制作非常精美，动画效果丰富，图文并茂，特别是图片，颇具动感。

2. 从内容上来看，您选的点很好：白描的特点与运用，这是初中阶段一个非常重要的内容。从白描的定义本身出发，然后就其在绘景、写人、叙事等方面的运用，分别举例说明。

3. 从结构上来看，本集微课程结构完整，有导入、过程、方法梳理、小结和运用，还添加了适当的练习，加深了观众的印象。

4. 几点建议：

（1）动画过多容易产生视觉疲劳，因为这是一个讲授知识点的微课，所以在呈现方面要简单，动画效果可以少些，一般不超过两种。

（2）幻灯片切换的速度过快，一张幻灯片没有看完就切换到了下一张。可以这样处理：减少幻灯片的字数，切换速度可以慢一些，让观众看得清楚，也给人思考的时间。

（3）文字覆盖在图片上会有看不清文字的时候，所以文字尽量不要放在图片上。幻灯片的背景略显繁杂，应提倡简洁，纯白色处理更好！

（4）白描的特点在写人、绘景、叙事等方面都有运用，然而放在一起容易混淆和理解不清，建议选取的点可以再小一些，比如，写人是如何运用白描手法的？有什么特点？有哪些例子？绘景时是如何运用白描手法的？叙事时又是怎样的？可以把白描做成系列微课，根据文体分门别类地讲述，那么学生对白描的特点和运用会更清晰明了。当然，在第一集时可以对白描进行一个综合描述，再进行分类介绍。

（5）对于知识点讲授型的微课建议还是运用"PPT+录屏"技术会更好。因为里面包含您讲解的声音，富有人的情感，学生听起来会更容易接受。

谢谢您的分享！

【案例二】商不变的规律

微课作者：梅江区三角镇中心小学　张　雁

微课地址：http://blog.sina.com.cn/s/blog_d196608e0102vin2.html

点评人：微课工作室丁清尚

张雁的"商不变的规律"

点评内容如下：

优点：

1. 画面简洁，重难点还比较突出。

2. 语速适中，还适时地和观众进行互动。

3. 结构较为完整。

4. 故事引入，趣味性较强。

5. 动员学生进行故事讲解，将学生纳入微课的制作中，这个很好。

建议：

1. 时间稍微长了点。

2. 前面的内容有照着PPT的内容念的嫌疑，学生讲故事的声音略显平淡，学生的声音清晰度还可以再提升。

3. 主题为"商不变的规律"，侧重点是让学生发现这个规律，至于后面的习题讲解，可以制作成另一个微课。

4. 商不变的规律，学生应该注意什么？这个在微课里面没有提到。要是能够将注意的关键点也顺便讲讲会更好。

总的来讲，本集微课教学目标比较明确，循循善诱，步骤清晰，流程很熟。对初学者来说，这是一个较成功的微课作品。

由此可见，在微课教学与研究的过程中，教师应抱有一种谦虚的态度，主动请教。能够获得指点，就可以更好地知道自己的长处以及不足的地方，从而扬长避短，让自己的微课做得越来越好，越来越受欢迎。

作为微课工作室，我们应该用一种鼓励的态度，从客观的角度对教师的微课作品进行点评分析，帮助他们找到优势、发现问题，从而提升他们的微课制作水平，促进微课教学的发展。

手机微课程培训

移动互联网时代，智能手机高度普及，不管是教师还是学生，智能手机都是他们日常生活中经常使用和接触的工具。手机微课程是顺应时代需要的产物。教师通过手机微课程的开发，可以让学生随时随地利用碎片化时间进行学习，这是一种教学发展趋势。

一、致力手机微课，如琢如磨——孟剑玲《用小影制作手机微课》区级培训

2017年4月19日下午两点，在平湖外国语学校一楼阶梯室，我校孟剑玲老师举行第一节深圳市龙岗区手机微课程培训课——《用小影制作手机微课》。下午，阶梯室迎来一张张亲切好学的面孔。大家兴致勃勃地参加微课培训，带着满满的好心情来，也带着满满的好心情回。这就是微课程的魅力，小手机大课程，润物如风清凉，潜移默化中就已经收获满满。

孟剑玲老师介绍微课——《用小影制作手机微课》

孟剑玲老师是一级语文老师，是丁清尚工作室的成员，教学经验丰富，为人亲切温和，致力于儿童阅读的推广和手机微课程的学习，在平湖外国语学校任教。功底深厚的孟老师第一次开展手机微课培训，对于年轻教师是一个很好的示范和教育，同时，孟老师的学习精神更加激励着教师们更新自己的教学理念、转变自己的教育方式，不断学习，与时俱进。因为如"君子"般的孟老师，在生活中总是给大家提供细致周到的帮助，也愿意与大家亲切地交谈，大家都愿意称呼她一声"孟姐"。

与平时的培训不一样，下午的培训从连接WiFi和用微信"面对面创群"开始，大家积极地拿出手机，连接网络，时不时听听讲座还可以刷刷新闻、朋友圈，学习、娱乐一点也不落下。接着，孟老师用亲切温和的声音开始讲课。从丁清尚工作室介绍到手机微课程的特点，从手机微课程比赛到手机微课程的录制工具，再到"小影"APP的使用、剪辑、配乐、发布等，一节充实且细致的讲座，一丝不苟地进行着。孟老师不时地从讲台下来指导大家一起使用"小影"，说"遇到不懂的环节可以随时问"，她还总是提醒大家"不着急，给大家时间，慢慢来，不着急"。用一种学习与分享的心情，与在场的教师一起学习，大家积极拿起手机进行实践，开开心心地学习，开开心心地收获。

讲座的最后，孟老师还给大家分享了生活中一个有趣的视频：怎么让一个人穿墙遁地？分享之后，大家会心一笑，孟老师也轻松地结束了下午的讲座。如斯孟老师，认真好学，细致入微，并且谦逊有朝气，犹如君子给人的感觉：经历岁月与俗事的磨砺和洗练，依然保持着如翠竹、如苍松、如梅花、如白莲般的纯净的品格和精神品质。

孟老师致力于手机微课的学习与推广，也印证着手机微课独一无二的魅力，下载一个"小影"，也就下载了一段美丽的时光；制作一个小小的微课，也就留下了一个教育的印记。

二、巧用学生微课程演绎智慧课堂

2017年3月23日下午，丁清尚名师工作室骨干成员程尚远老师受邀到龙岗进修学校授课，课题为《学生手机微课程的开发与应用》。

程尚远老师讲《学生手机微课程的开发与应用》

在课前，程老师先了解了来参加培训的老师对微课程的认识情况，并针对大家对微课了解认识不多的情况介绍了什么是微课，与大家分享了各学科各类型的微课。程老师的讲解深深地吸引了在场的老师，大家不禁惊叹微课的教育教学竟如此灵活高效，学习热情因此被激发了。

接着，程老师就学生微课程的开发和应用，从制作步骤和应用类型讲授制作目标及技巧，重点强调录制过程中的注意点，例如，手机横屏录制、录制的清晰度、语言的简洁交互性等，并现场指导大家从学科知识点上进行实操——现场尝试小微课制作。

程尚远老师现场讲授小微课制作

最后，程老师一步步地指导老师们利用小影软件进行片头、片尾、字幕等的编辑。大家不禁感叹微课和电影一样，有趣、奇妙、好用！

在程老师的一一指导下，老师们掌握了如何录制一节简易、高效的学生微课，并利用小影进行编辑美化。虽知易行难，但知行合一，程老师希望大家在教学中、在生活中，多录制，多琢磨，常完善，将微课系列化！

看着在现场学习的老师们对微课程满满的关注度，相信我们龙岗微课程会越走越远、越走越壮大！

三、玩转手机微视频，笑傲小影微课堂

2017年3月17日下午，龙岗区教师进修学校每周的手机微课程培训如期而至，本次由丁清尚名师工作室骨干成员李伍兵老师开讲。

李老师在与老师们的闲聊中，介绍了此次培训的目标和内容，然后从微课程的概念、特点、制作工具、作用等话题切入，开启了本次的正式培训。首先，李老师教大家如何正确使用手机录制视频，他边讲边示范，用"横、上、右、稳、停、聚"六字归纳了正确使用手机录制视频的方法。

然后分步骤重点讲解了如何使用小影软件导入手机视频并进行编辑的方法和技巧，以及使用小影软件直接录制视频并进行编辑的方法和技巧，最后分享了手机微课程的制作标准和设计技巧，分析了微课程比赛的评比标准。

学员认真学习并操作

老师们参与小影课堂学习的干劲十足，在练习过程中积极与小组同行交流。李老师也不时地和听课老师们进行互动，并且不时地走入大家的小组讨论

中，针对个别有疑难的和暂时没有理解的地方手把手地进行指导。

三个小时的学习让老师们收获颇多，将手机视频玩转在小影课堂里，真乃"玩转手机微视频，笑傲小影微课堂"。简单、实用、方便、快捷的手机小影微课程，让大家深深感受到了微学习的大力量，相信手机微课程一定会在大家的日常生活和工作中发挥积极作用。

四、培优补差微课先行——手机微课程之备课组培优补差

一个人可以走得很快，一群人才能走得很远。

——题记

2017年10月27日下午，丁清尚名师工作室主要成员孟剑玲老师在平湖外国语学校开展"手机微课程之备课组培优补差"培训，现场气氛活跃。老师们都说"学会的不仅仅是备课组如何合作开发微课，连语言的推敲都找到了榜样"。

孟剑玲老师开展"手机微课程之备课组培优补差"培训

活动现场大家问好，看图猜谜语，其乐融融。四人小组玩"棒打没记性"，笑声一片。颠覆传统的培训，本次培训中大家不但可以一起学习，还互相交流，增进了感情。我们开始亲切地叫她"孟姐"。

培训中，孟姐提到了一线教师压力重重的现状，面对学校的高标准和家长的严要求，老师们不堪重负。如何既能提升学生成绩，又能减轻老师负担？手机微课程的开发与运用给我们提供了很好的思路。而备课组合作开发可让这条路走得更加轻松愉快！孟姐用手机微课和年级老师共同合作，带着孩子们轻松快乐地学习，给我们提供了榜样。

是的，信息技术的运用可以带来教学的革命。

孟姐用具体的微课引出了微课的特点——简单、好看、易懂。从手机拍摄技巧到微课制作练习，听孟姐娓娓道来，我能感觉到似有一股神奇的力量充斥全身。我们备课组也在筹划着进行一系列的微课开发与资源共享。孟姐提醒我们：微课制作最难的不是技术，而是创意，而创意就藏在我们自己的课堂里。

怎样进行备课组开发是这次培训的重点。榜样的力量不可忽视，最关键的是团队分工。孟姐根据备课组成员中每个人的具体情况进行工作分工。团队合作要考虑到多方面的因素，好让大家的配合最大限度地发挥作用。

课程系列化是微课开发的灵魂，大家要针对一个点进行系列化开发（重难点、易错点、提升点）。在"蓝墨云班课"这样的课程分享平台建立自己班级的微课，邀请家长们进来；甚至可以以年级为单位创建班课，让学习变得更加简单、便捷。

在整个培训中，孟姐强调要借助团队的力量，实现"三随"（随时、随地、随意）学习和精熟学习。是啊！秋天，单飞的大雁永远飞不到南方，而雁群却可以跨越大半个中国，回到温暖的港湾。一个人可以走得很快，但一群人才能走得很远。

永远不可忽视的就是团队的力量！

快点儿把身边的力量都团结起来吧！一起来进行备课组开发，让老师们的工作更轻松，让孩子们的学习更有趣，让所有人都获得更多的幸福感和成就感。

同时也要感谢丁清尚名师工作室！跟随工作室的培训、学习，我们不断成长、进步，还能把学习与思考辐射给身边的同伴。这是一种奇妙的生命体验，我们快乐并幸福着。

专业化成长
——工作室内训与研修

内部培训是帮助工作室成员提升专项技能的关键，丁清尚工作室通过内训方式，帮助成员实现专业化成长。内部培训通常由在某一方面有特殊技能的工作室成员主持，有时候也会邀请其他教育专家主持。在工作室的成长过程中，内训是工作室成员最重要、最高效的专业化提升方式之一。过去、现在和将来，内训都是工作室帮助成员实现专业化成长目标的关键。

十项全能

——三笔一画内训

2018年4月18日下午，在清林小学举行了本学期丁清尚名师工作室第二次内训活动之教学简笔画1——立体形象思维。培训由工作室成员曹海涛老师主讲。首先，曹海涛老师介绍了简笔画的真正含义，及简笔画在课堂教学中的作用和意义，同时为大家整理了学习简笔画的思路，为大家开启了学画之门。随后，他给在座的老师们展示了自己的速画本，厚厚的作品，让大家惊叹不已，时间无痕，画笔"勤"。

曹海涛老师速画本里的作品

在培训中，曹老师重点讲解了长方体的观察思维，渗透了两个最简单的透视学原理，帮助大家理解长方体物体的形象特点。攻破长方体形象这道难关之后，又简单介绍了圆柱、圆锥、球体。在之后的练习上也偏重长方体的形象练习。进入实践环节，参训老师们都开始跟着作画。

学员感叹，在画画体验中，真是发现"简"而不"简"，称其为简笔画，但让简单的线条呈现立体感，却不是一件容易的事，正如曹老师所说"这些线条只有经历锤炼之后才能呈现立体感"，"锤炼"即"苦练"。老师们都认真地完成了简笔画绘画练习，时间虽短但效果明显，大部分作品都表现出了静物的立体感。

学员体验画简笔画

最后，根据自己专业成长的历程，曹老师用"勤学苦练真功夫"作为讲座的结束语与在场的老师共勉。同时，她还感谢了工作室给予的锻炼平台，说让她有机会把凌乱的绘画知识进行整理。看似简单的课程，设计过程煞费苦心，既要简单，又要有效果，即精简高效。从培训作品上，我们看到了培训的成效，所有创作过程中的痛苦，都转变为成功的喜悦。详细报道请扫码查看：

教学简笔画培训

在同一天，蔡伟奇老师对工作室成员进行了硬笔书法培训。

中华文化源远流长，书法艺术是中华民族传统文化的瑰宝。为了提高教师的书法艺术水平，夯实教学基本功，更好地指导书法教学，培训会上，蔡老师向老师们传授了硬笔书法的速成窍门：一是关注笔画的力方向；二是找准重心点，通过这种方式，提高成员的硬笔书法水平。

蔡老师首先告诉老师们：写字时要从看不见的地方入手，也就是力，笔画是有力的方向的。接着，他以上、下、左、右四个方向为示意图，详细地示范讲解了常用笔画的力的方向，如竖钩要先笔直竖下稍顿后钩往左上方向踢出、撇的方向是左下飘出、捺笔由轻到重往右下行笔、竖提要先竖后力转向右上提、横折折钩要注意分解力等。总之，写的时候，方向要变，力度也要变……

蔡老师示范讲解

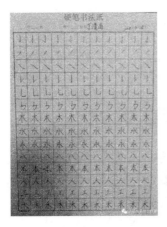 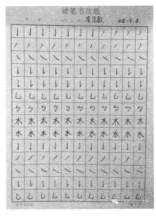

学员们的部分作品

详细报道请扫码查看：

硬笔书法培训

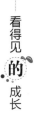

创新无止境　实践出真知

——创新驱动——情景导向模式创客教育内训

习近平总书记曾强调，抓创新就是抓发展，谋创新就是谋未来。联合国教科文组织也曾指出："未来需要更多的创造性人才，培养学生创造力是教育的主要目标之一，也是素质教育的一个重要方面。"2018年4月18日，丁清尚名师工作室成员齐聚清林小学会议室，特别邀请教育部"一师一优课"评审专家、清林小学李伟忠副校长为我们做教师专业技能培训，其主讲主题为"创新驱动——情景导向模式创客教育案例研究"。

李伟忠副校长讲"创新驱动——情景导向模式创客教育案例研究"

李副校长首先深入浅出地诠释了创新驱动的含义和评价创新的核心要素，接着从"经典教育""课例分析""机芯联想""导向模式"四个方面为我们上了生动的一课。

李伟忠副校长与学员们合影

一、经典教育

从《熊妈妈教育孩子》的教育故事入手，李副校长告诉我们动物尚知道如何教育孩子，我们作为师者，更应该懂得如何把知识、技能传授给下一代。这让我们进一步认识到了教育的价值，同时，让我们明白教学应该与时俱进，不应该按照满堂灌、按部就班的模式上课，为我们打开了创新的源头。

二、课例分析

李副校长通过一些鲜活的教学案例，引发了我们对教育目的的探究与思考。他指出：我们应该给学生提供真正探究的机会，给学生提供充足的探究时间和空间，要充分发挥学生探究的自主性和主动性，从而培养学生的创新思维和创新能力。

三、机芯联想

李副校长通过直观明了的机芯图解，为我们阐述了手表机芯各个零部件的作用与相互之间的联系，从而让我们懂得了在平常的教育教学中，要重视对学生合作探究能力的培养。

四、导向模式

李副校长通过导向模式——劣构篇的几个教学案例，让我们明白情境导向的重要性，即我们要从情境中寻找问题，正确引导学生合作探究、收集依据

（线索）、深究结论、产生效应。这些教学案例也体现了教师对教材做改进的重要性。之后，通过广东省创客大赛获奖作品，李副校长为我们分析了如何体现创新点。

最后，名师工作室主持人丁清尚主任为李伟忠副校长的精彩讲座做总结，并发表了三点感受。

一是创新。作为老师，我们要学会创新，打开创新的源头。

二是创造。把思维思考的方式落地，通过创新驱动物化思维过程。

三是创客。集创新思维与实践于一体，扎扎实实做创客。

通过内部培训方式，工作室成员的专业技能和教学思维都得到了显著的提高，这是一种非常有效的工作提升方式。

详细报道请扫码查看：

创客教育案例研究培训

全国第三届课程开发与培训师高级研修班内训

　　为了实现培训与培训课程的标准化，为了推广课程开发，2018年7月20—25日，丁清尚名师工作室成员一行四人来到内蒙古鄂尔多斯市东胜吉劳庆小学，参加李玉平老师主导的为期六天的全国第三届课程开发与培训师高级研修班内训。没有地域的阻隔，没有年龄的代沟，工作室成员众志成城、团结一心，共同走在追寻梦想的道路上。在这个平台上，滚动着的是大家如火的热情，流淌着的是专家深邃的思想，碰撞出的是朵朵智慧的火花。学习只有起点，研修没有尽头。相信我们付出就有收获，努力就能成功！

丁清尚名师工作室四名成员参加李玉平老师内训

　　听说这是一次全新的、有挑战性的培训，它究竟特别在哪里呢？7月18日下午，本次培训负责人李玉平老师就已经给志愿者召开了准备工作会议。他们做了什么呢？大到培训场地墙面的设计布置，小到每一个精致又特殊的工作卡片。在一个个精致又有特色的工作牌上，李玉平老师还亲自给每个人写了寄语，真是太用心、太令人惊喜了！

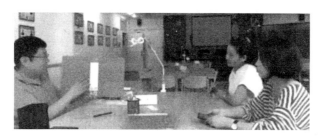

李玉平老师给志愿者召开准备工作会议

李玉平老师工作会议准备内容

下面，通过关键词梳理一下这六天的收获：

一、"爆品"

"爆品"意味着极高的知名度和认可度，也意味着品质高、传播速度快。

2018年7月21日，风清气爽，在今天的内训学习上，李玉平老师提出了"爆品"一词。下午，福建厦门思明区进修学校的施玉昌校长解读了"爆品"。

施玉昌校长解读"爆品"

我们都不约而同地聚焦"爆品"这个词。在移动互联网时代，爆品代表着专注某一类产品研究，代表着以用户思维为导向的设计、研发、生产与销售，代表着真的找到了用户的痛点。爆品思维不仅是李玉平老师团队对互联网思维在认知基础上的升华，更是总结出来的打造并孵化爆品的方法。

那么，什么是爆品？工作室主持人丁清尚老师适时向团队成员指出：

爆品是由"爆"和"品"两个字组成的。

爆：是指引爆、爆发的意思。

品：是指产品、品牌、品质、人品，也就是说口口传播，形成口碑！

只有好的品质才会产生好的口碑，好的口碑就会带动产品的爆发。

而爆品的本质离不开四大要素：工匠精神、文化创意、性价比高、解决痛点。

其实，乔布斯最早期设计的苹果手机就完全具备爆品的四大要素！

我们如何才能打造出属于自己的爆品呢？根据李老师的建议和方法，我想可以围绕以下几个方面来进行：

1. 确定主题

主题有大有小，可以从"三小"（小现象、小故事、小策略）研究出发，看需求，小众才有强需求；其次要看体验，找到用户尖叫的理由；再者要看速度，快速抢占心智资源。每个作品都有自己的主基调，有的是严谨，有的是活泼有趣，有的是萌。主题的选择、确定，直接决定了微课研究开展的方向和命运，甚至影响了整个作品的成败。选择一个有价值的研究课题意味着点燃了创新思维的火花。主题的产生，基于学生的问题，问题从何而来，需要教师细心地观察、发现、引导。问题的提出有不同的角度，可以从自己的兴趣出发，提出一些自己感兴趣的问题；可以从自己教授的学科出发，提出一些学习中自己感到较困难的问题；可以从自己的生活出发，提出自己观察到的一些难以解决的问题等。

提出难以解决的问题

2. 学会追问，使主要问题再精确

寻找问题的突破口，从而带动更多问题的研究和更多活动的开展。这时，我们就要创设一定的问题情境，激发出思维起点、创造源头，围绕要研究的主题，创设相关的问题情境，然后引导学生在情境范围内，提出自己感兴趣的问题。

3. 画思维导图，找准一级痛点

问题有了，并不意味着微课就形成了。两次获诺贝尔奖的巴尔丁博士曾说，决定一个研究能否取得成效，很重要的一点就是看他所选择的科研课题。课题的选择是我们进行课题研究所需要做的第一件事。要找到一个既符合自己兴趣又切实可行的课题是不容易的。课题选得如何，关系着研究有无价值，研究能否顺利进行等一系列重要问题。由于人们的"问题意识"参差不齐，再加上客观条件的限制，可能有些老师或者学生提出的问题往往脱离实际或没有研究价值，所以往往不适合拿来做研究。然而，画思维导图，可以帮我们对问题进行筛选归类，找到一级痛点，并形成课题。

4. 讲述有教育情怀的故事

讲故事可以有多种方式，并没有固定的标准。但是，一个故事是否能够打动人，首先是看这个故事是否讲述了一个或几个日常生活中的意外的、反常的或突发的事件；其次是看这个故事所讲述的事件是否隐含了某种教育冲突、教育矛盾、教育困境，这些教育冲突、教育矛盾或教育困境的价值不只是使故事具有内在的情节，还有一个重要的价值是，它们隐含了教育道理；再者是看这个故事所讲述的主题是否显示了某个或某些人性的弱点或人性的优点，真实的人总是有自己人性上的弱点和优点。教师讲述自己的故事的意义首先并不在于这个故事多么精彩，而在于讲述故事已经成为教师思考自己教育生活的一种形式。

5. 挖掘作品的亮点和兴奋点

亮点可以是深入浅出的讲授，可以是细致入微的剖析，可以是激情四溢的朗诵，可以是精妙完美的课堂结构，可以是准确生动的教学语言，等等。微课教学有了自己独特的亮点，就能提升微课的水准。微课好与不好，适不适合自己，自己只有去研究了、真正实践了才知道。只有实践了，才有发言权。爆品微课，就是形式上"微"，内容上"精"，整体效果上追求"妙"，让人眼前一亮，为之振奋的课程。可以整理以前设计的教学案例，选择有特色的内容重新进行微课设计，用"爆品"把教学设计的精彩亮出来。

学员设计教学案例

6. 包装设计，吸引眼球

一个"爆品"设计不仅能激发学生的学习兴趣，取得良好的教学效果，而且能使人赏心悦目，获得美的享受，"爆品"是好的内容与优美形式的完美统一。动态画面能使课件精彩动人，静态画面能给人更多的思索空间，因此在包装设计时要注意让动态画面和静态画面有机结合起来，这样才能增强"爆品"的教学效果。

7. 设计通俗易记，直达心底的广告语

一句好的广告语对"爆品"来说是至关重要的，它是"爆品"的眼睛，对于人们理解其内涵，建立"爆品"忠诚度都有不同寻常的意义。美国总统罗斯福说过一句关于广告的名言："不当总统，就做广告人，因为广告事业已达到一种艺术高度。"如"充电5分钟，通话两小时""智能时代，我在哪里""用产品思维做课程，用爆品思维做研究，用企业思维做培训"等就是对"爆品"要素的最好诠释！乔布斯有句话我也很喜欢：产品不能被营销打败！我们评判好的广告语的标准只有一个，就是"难忘"。因此广告语必须具有简洁、明确、贴切、独到、有趣味、有号召力、易于记忆等特点，它必须是可以让观众记忆"爆品"，同时能使观众联想到你的作品。

那么，推动爆品有无具体操作的工具呢？经过这两天的学习和梳理，我想以下几点可以作为参考：

（1）一句传达价值的广告语

（2）一分钟的课程简介

（3）一套PPT路演资料

（4）一组颜值很高的海报

（5）一个让人看了想转发的VCR（视频片段）

（6）一组能够抵达心灵的软文

（7）一场重大事件的项目策划（如名师课程馆）

（8）一手容易操作的策略

（9）一次有趣好玩的闯关之旅

"爆品"是如何炼成的？

金三角法则：痛点法则、尖叫点法则、爆点法则。总之，在这个共享经济正在崛起的时代，社群经济和区块链是下一个风口，产品众筹将颠覆传统，内容为王始终是铁律。随着互联网时代的到来，不同行业、不同产品壁垒已经逐渐模糊起来，这不再是专业领域唯我独尊的时代，跨界交叉已经成了一种新的方式。科学技术日新月异，人们都在不断地通过这些技术改变自己的生活，消费习惯、行动研究等也从以前的"满足功能需求"发展为现在的

"追求用户体验"。

因此，可能对于学校、教师、培训师、产品来讲，应当改变思维模式、运行模式等，即都要从之前的"以单位为中心"转变到"以用户为中心"模式，即把"以用户为中心"作为一种运营模式的最大体现。

学员认真讨论学习

二、"智慧工资"

何为"智慧工资"？顾名思义，就是用智慧赚钱。

在信息技术的支持下，课程开发后我们可以做什么呢？李玉平老师正在帮助每一位学员成为课程开发的主体，行走在课程开发的路上。或许，我们开发的课程并不都是高端课程，但这是我们培训过程积累知识、交流经验的成果。如果在1.0版本的成果上进行修改和扩充，进而有了2.0版本、3.0版本……精品课程逐渐凸显，那么如何才能将它们呈现出来呢？李玉平老师利用名师课程馆的方式布置培训场景，让我们可以把课程放进"优师云"平台，不断扩大这些优质资源的影响力，并通过继教网市场化的运营方式，帮助大量优秀教师赚取智慧工资！实现线上与线下一体化，用智慧赚钱！

讲解"智慧工资"

三、关键技术

1. 腾讯文档

在平时信息输入时，可能还要把收集好的信息一个个输入整理，并且核对，这项大工程能不能通过其他方式简化呢？腾讯文档完全可以帮你实现这个功能。它最大的功能是建立一个文档，其他人在输入信息时，文档会自动保存并不断更新。如果你为了保护私人信息不被泄露，可设置为"仅为个人所见"来实现。这样就为我们整理信息节省了大量的时间以及人力、物力。

2. 讯飞语记

它可以把语音转化为文字，我们可以随时随地通过手机软件进行文字输入，这为我们节省了大量的文字输入时间。同时，手机输入的文字通过账号保存，我们可以直接在电脑登录账号，找到文章，进行修改、发布。这个小技巧是否可以作为学生做作业的一种工具呢？学生不愿意写，那说出来怎么样呢？

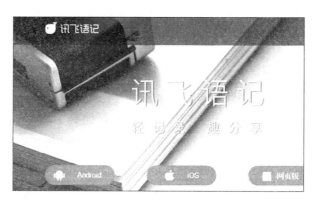

讯飞语记

3. 众筹课程

在学习过程中，李玉平老师通过一个"热身小游戏"向我们展示了众筹资源形成一个品牌课程的案例。在我们的团队或者教学中，我们是否也可以通过这种方式去开发特色课程呢？是否可以让学生通过众筹的方式去展开合作学习呢？这些都值得我们思考。

众筹课程学员及作品合影

课程成果展示如下：

（1）课程名：《整本书深度策略20招》。

开发者：龙岗区育贤小学　程尚远

课程介绍：《整本书深读策略20招》是针对小学生课外阅读粗浅的现状而设置的策略课程。这门课程是针对不同年龄段、不同学力的学生而设置的具体应用策略，分为五个层次，其核心目的是以任务驱动的方式引导小学生深度阅读文本。

（2）课程名：《初中物理必做实验闯关》。

开发者：龙岗区平湖外国语学校　蔡培鑫

课程介绍："物理实验很难？

动手能力很差？

不明白实验原理？

不知道如何选择合适的实验器材？

不知道如何设计实验？

不知道收集哪些数据？

不会正确描述实验结论？

不会进行实验反思与评价？

深圳要把实验操作考核纳入中考总分，如何才能确保实验不丢分？

叫上你的伙伴们，一起来闯关吧！"

（3）课程名：《玩转小数游戏》。

开发者：龙岗区沙塘布学校 邓春贤

课程介绍：《玩转小数游戏》课程教学起源于对孩子"爱玩"天性的思考，在教学中，该如何更好地利用孩子的天性去让他们热爱数学呢？在观察和实验中，我发现游戏是个不错的方式。

课程目的：使学生以学过的知识为基础，通过游戏的方式去巩固，完成更进一步的学习，从而达到培养孩子喜欢数学的兴趣。

课程内容：数、形、概率、统计四大板块。每个内容通过闯关的方式让学生过关，由简单到复杂。

三、梳理反思收获丰

1. 培训师须具备即席反应能力

徐老师是第一次参加培训师培训，第一次上台跟大家做这样的分享，他情绪有点紧张，因此语速比较快。参与点评的几位老师非常准确地捕捉到徐老师表达过程中出现的一些问题，并且做出了相应的评价，给予了准确的指导。点评的老师们呈现出来的是培训师的基本素养之一：良好的反应能力。培训师及时准确的反应既有利于培训的顺利进行，又有利于提升培训的品质。

2. 培训课程标准化必不可少

徐老师第一次参加培训师培训，取得这样的成果，应当归功于李老师的标准化培训课程。所谓标准，就是培训的基本框架和顶层设计。我们培训者需要准备相应的素材，将其补充在对应的框架体系内，如此就可以形成我们自己的课程体系。这种框架既利于培训学习者设计自己的培训课程，又利于培训者对学习者进行针对性的指导。前面几位老师的即席评价就是一个很好的案例。这种标准化课程不是一蹴而就的，需要我们不断打磨才能提升培训品质。

3. 培训要善于在追问中提升

徐老师讲完课程以后，李老师追问：你觉得自己的讲解有什么问题？徐老师马上意识到自己讲解中的不足。在丁老师和刘老师点评完以后，李老师接着追问徐老师：他们两个的话语体系有什么不同？就这样，在李老师的追问下，徐老师和大家对他的课程设计逐步清晰了。追问意味着聚焦，在标准课程的框架下追问，聚焦问题，思考它，才能进一步解决它。

学习追问的学员合影

"希望本是无所谓有，无所谓无的。这正如地上的路，其实地上本没有路，走的人多了，也便成了路。"课程开发，路途漫长！如果我们坚持把本次培训的核心技术用在不断的研究开发中去，相信我们会拥有更多的资源，并能在教育路上越走越远！

详细报道请扫码查看：

丁清尚培训体会　　　　邓春贤培训体会1　　　　邓春贤培训体会2

程尚远培训体会　　　　蔡培鑫培训体会

专业化研修

对教师来说，研修是专业化成长的高效途径。通过研修活动，可以实现更大范围的交流，聆听名师教育思想，交流自身教学经验。

在名师工作室发展过程中，我们非常强调专业化研修。不管是丁清尚老师，还是工作室的其他成员，都需要通过专业化研修来提升自己，实现成长。

下面以吴亚滨教授的"认知工具在课堂教学中的应用"为例来探讨一下研修：

题目：认知工具在课堂教学中的应用

讲师：吴亚滨教授（北京师范大学）

整理：丁清尚

10月13日，正值重阳节之际，我有幸参加了龙岗教师进修学校组织的"田园式"培训教师和首批特色工作室主持人的培训，此次培训聆听到了剑桥认知研究基金会（CORT）中国区首席讲师吴亚滨教授的《认知工具在课堂教学中的应用》专题讲座，受益匪浅。

在思维训练课程的讲解过程中，吴教授利用思维导图作对比体验、记忆体验，根据卡片图画展开联想，通过看微视频画思维导图等互动体验活动引导教师利用"三元分析法"思考问题，并展示了理解性教学中思维训练课例与三元分析法的运用技巧，让我耳目一新。现将学习笔记整理如下，与大家共勉。

一、吴教授介绍

吴亚滨编译的图书：《平行思维》《六顶思考帽》《教你的孩子如何思考》《超越传统商业模式》。

吴教授表示，用国际思维量表进行测试，发现小学生的思维能力最高，高中生的思维能力最低。小学生一般用四个课时便可接受教师的上课思维；初中生四个课时后才慢慢进入状态；而高中生一开始便抗拒，接着是质疑，感到有些意思时学习却结束了，高中生思维方式更为接近现实。

二、体验开始

初步体验：有无使用过思维导图？用思维导图梳理知识结构只是其中的一个角度。

对比体验：东尼·博赞的简介，一大段文字，密密麻麻。而用思维导图却可过滤无关信息，抓住要点呈现，非限性过程。

记忆体验：①一堆词语，60秒后记住了多少？②词语分类，用思维导图呈现，60秒后记住了多少？显然后者更胜一筹。记忆的核心是记关系、记线索。

三、思维导图的特点

1. 思维导图有什么特点？九大特点——

（1）从中心出发。

（2）成发散状。

（3）简单。

（4）强调关联。

（5）易于操作。

（6）色彩丰富（用颜色来区分并进行记忆，时间久了可以形成记忆规律）。

（7）直观。

（8）清晰。

（9）有助记忆。

2. 怎么样绘制思维导图？

（1）从中心出发、图示化、精练表达、分支单纯、彩色，可以先让学生画，学生有了亲身体验后记得更牢固。

示例：看到苹果你会想到什么？无束缚，无限制。联想的背后是记忆力的体现，可以活跃记忆力。

练习：每组抽取一张卡片，看到卡片上的图片，你想到了什么？先尝试写出来，再进行归类，个性化，无标准答案。

（2）《让大脑自由》这本书还不错。书籍也可以用思维导图梳理，并可以测试有效阅读时间，阅读+笔记：10小时。

（3）思维导图是画给自己的图，画得越多思维转换越快，思维就越敏捷。

例1：波音公司内部的思维导图。

思考点：

（1）有什么困难？

（2）困难如何解决？

（3）与以前不用思维导图有什么不同？

（4）为什么不同？

例2：微视频。

台湾——梦骑车。

3. 思维导图的用途有哪些？

很多，非常广泛。思维导图是没有任何要求和限制的工具，只要能画出自己的想象即可。最满意的想法往往是下一个想法。看起来好像没有可能了，但是再努力一下，又会有新的发现。想到的可能性越多，得到好想法的把握越大。

四、教学模型

1. 学生分析

现在学生考试不仅仅是考知识，更多的是考能力。学生的认知能力有无变化、有无提高，直接影响学生的学习结果。教是为了不教。

2. 三元分析法

认知维（学什么）—动力维（思维动力，启发教育，动脑子）—知识维（习得的知识）

3. 高效课堂是师生高度配合的课堂

学生是课堂的核心和主宰，所以师生要共同掌握认知工具，才能提高认知能力。

4. 学生不同，认知层次不同，目标就不同

练习的设置，作业的布置，要多问个为什么：为什么这样布置？

学生学什么？练什么？给什么任务？而不是教师讲什么。

5. 课堂有效教学的三大要素

（1）教学目标是什么？

（2）怎么设计活动？

（3）学生动起来后如何指导、点评、反馈？

6. 学习力包含动力、意志力和认知力

被动学习的结果是什么？就是目标达成后，动力随之消失。要培养学生的主动力，以兴趣为主。承受挫折的能力决定了学生的学习力，抗挫折力要让学生亲自体验获得方可持久。

五、因素分析

你是否遇到过要做某事的时候才发现自己忘记考虑一些关键因素？

你能具体举个例子吗？（带相机忘记充电，购买到心仪的家具却进不了新房子等）

人们容易遗忘某些重要因素吗？

你认为这个问题应该怎么解决？

做事情、考虑问题时要全面，预防百密一疏。

例如，招聘教师时，应该考察这位老师的哪些条件？（6分钟，思维导图展示）

例如，寒假准备去澳大利亚游学15天，应该考虑的相关因素有哪些？（5分钟，考虑10个以上因素，思维导图展示）

六、教学课例

1. 语文《我敬佩的一个人》

（1）传统教学过程

讲解—破题—立意—选材—提纲—初稿。

（2）理解性教学设计

前概念提取—课前任务反馈—人和事的提取—阅读单元回顾—人物特质概括—完整写作构思—完成写作。

我敬佩的一个人：

写谁？（真人，有名有姓，自己熟悉的）

怎么写？（什么事）

敬佩什么？（品质）

让学生相互间进行一一追问，对细节追问到底，问他人的同时也是在问自己。

复制课例《我难忘的一个人》失败，缘于学生提到的工人、清洁工、解放军等人物是一群人，而不是具体的某一个人，概念模糊。

2. 高一地理课例

略。

3. 初中历史课例

略。

课堂上要有学生的认知挑战，才能算是真正有效的课堂。

通过以上近3个小时的专题讲座，我发现吴教授这次讲座的容量非常大，实例多，但整个流程非常清晰，深入浅出，又颇具逻辑性，所以让我们的学习尽可能地达到了最大化。他采用了哪些策略呢？我将它进行碎片化，不妨来看看。

（1）现场体验。

（2）对比体验。

（3）举例子。

（4）看视频。

（5）现场展示。

（6）分组研讨。

（7）使用卡片。

（8）讲故事。

（9）图表化。

（10）家常话。

（11）现场提问。

（12）现场互动。

（13）思维导图。

通过上述研修可以看出，在专业化研修的过程中，教师不仅需要消化名师专家的教育教学理念、技巧和方法，还需要反思，从而实现内化以及提升。

生命的内在研修——整本书阅读

让生命因整本书而精彩

阳 满

随着信息时代日新月异的进步，电子数码产品不断更新换代，产品的功能越来越丰富多样，吸引人的眼球，但孩子们的整本书阅读量却正在慢慢变少，取而代之的是捧着手机娱乐或进行一些碎片化的阅读。

不得不承认，这些散点式、碎片化、拼接型阅读正在切割、打断、搅动正确的阅读方式，并不断腐蚀着孩子们的身心健康。为了让孩子们告别一些不良的浅阅读、轻阅读，培养他们良好的阅读方式，提高他们的阅读兴趣，2018年3月22日，深圳市华明星学校掀起了一阵"整本书阅读"风。来自深圳市龙岗区清林小学、丁清尚名师工作室的成员阳元元老师就《夏洛的网》这部儿童文学作品，在深圳市华明星学校上了一节"整本书阅读"的示范课，并和老师们进行了整本书阅读的交流和研讨。

1. 初探：整体感知、分享初感

阳元元老师先让孩子们认真地读书，孩子们拿到了自己的新书《夏洛的网》，并不知疲倦地读了起来。接着，老师鼓励孩子们互相交流，表达自己对书本故事情节和任务的看法，并完成《夏洛的网》阅读记录单。比如，阅读书中的小问号。书中出现了哪些角色？你最喜欢的是谁？最不喜欢的是谁？为什么？书中最让你感动的地方在哪？能给这本书写写推荐词吗？……通过这些问题的指引，孩子们的阅读有了方向。

阳元元老师先让孩子们认真地读书

2. 共议：合作探究、深度交流

在阅读交流会上，孩子们根据阳老师给出的插图向大家分享着一个个或感人、或有趣的故事片段。孩子们都阅读得非常仔细，就连小说中蜘蛛织网的次数都能够准确地说出来。

孩子们根据阳老师给出的插图向大家分享故事片段

3. 深读：思维碰撞、专题探究

在孩子们表演完夏洛的"死亡对白"后，课堂陷入了短暂的伤感和沉默，大家深深地感受到了小猪威尔伯对朋友的不舍，以及对生命的热爱。

但没过多久，在给角色"贴标签"的环节中，课堂一下子又热闹了起来……

给角色"贴标签"

4. 表达：落笔沉淀、成果共享

孩子们拿起了阳老师准备的书签，把自己的阅读感想写在了上面，这节课结束后，他们将把这个关于友情和善良的故事分享给身边所有的人。

孩子们把自己的阅读感想写在阳老师准备的书签上

1941年，叶圣陶先生在《论中学国文课程标准的修订》中对于"读整本的书"提道："把整本书作为主体，把单篇短章作辅佐。"这是叶老第一次明确提出要读整本书。因此，让孩子读整本书也是对目前小学语文教育缺失的弥补。

　　《义务教育语文课程标准（2011年版）》在教学建议部分，做了这样的表述："培养学生广泛的阅读兴趣，扩大阅读面，增加阅读量，提倡少做题，多读书，好读书，读好书，读整本的书。"可见，读整本书意义重大。一本书就是一个独立、完整的意义世界，阅读者可以借此完成一次整体性的建构，如同经历了一次不同的人生；一本书就是一片语言的海域，阅读者徜徉其中，会在作家独具风格与才情的语言之流里汲取到丰富的养分；一本书就是一个思想的体系，作家观察世界、思考人生的独特方式与独到角度，可让阅读者产生一次思想的"越狱"……阅读，就是一趟心灵的旅程。

　　据悉，名师工作室主持人丁清尚老师自工作室成立之日起，就给工作室的每位老师进行了个人专业发展诊断，根据老师们的学科特点、兴趣爱好、个性风格、研究方向进行了一一的分类指导，同时给工作室成员分别打磨培训课程。整本书阅读就是工作室中的一个类别。丁清尚老师就是点亮了那盏让人不断成长、让人更优秀的心灯的人。因此，我也很荣幸成了一位点灯的人。

阅读可以改变人生的宽度和厚度

我们在路上——《夏洛的网》读书交流会后记

阳元元

3月15日，我接到了我们工作室的任务，让我去深圳市坪山新区华明星学校上一堂整本书的阅读交流课。我内心有些忐忑，但丝毫没有犹豫。关于整本书教学，我这几年一直在尝试，也带着班里的学生读过不少书，但一直没有好好整理过相关案例，也没有认真地总结过。借此机会，可以好好地督促自己深入地思考一下。

《夏洛的网》封面

当天，我就定下了要交流分享的书目——《夏洛的网》。《夏洛的网》是美国大作家E·B·怀特的经典之作，这是一部描写友情的童话，它讲述了一只蜘蛛和一只小猪之间的故事，以西方人十分感性、形象的表现方法揭示了深刻的哲理，给了我们关于生命、关于友情的深沉的思索。

课前嘱咐坪山华明星学校四年级的孩子们用一个多星期读完这本书，完成阅读记录卡。任务布置下去后，我便陷入了深深的思考当中。我选择这本书的目的是什么？这本书的内容那么多，我要选择什么点和孩子们交流？我要用什么样的方式带领孩子们去品味这本书的精彩之处？

《夏洛的网》阅读记录单

学校：_____ 班级：_____ 小书虫：_____

亲爱的小书虫，《夏洛的网》这本书你认真读完了吗？有没有被书中的情节、人物所打动呢？我们一起完成下面的阅读记录吧！

1.阅读中的小问号	（1）什么是"落脚猪"？什么是春猪？
	（2）夏洛为威尔伯织了几次网，分别织了什么字？

"书到用时方恨少。"第一个星期，我把家里有关整本书阅读的书籍翻了个遍。慢慢地，一些想法在心里逐渐清晰起来：

（1）整本书教学，教师把握的是一个整体，不必关注每一个细节，而要在强调整体感知的同时，引导学生对精彩的内容逐步深入地再阅读。整本书的阅读，既要关注学生的个性体验，又要通过细节的挖掘，帮助学生走进阅读，体会文字之妙。

（2）对于中低年级的学生来说，老师要把重点放在故事的内容上，带着学生一起梳理故事情节，弄清楚故事的来龙去脉和其中的人物关系。对于高年级的学生，教师更应该带领学生在了解内容的基础上，延伸更多的教学点，加入更多的文学要素。

（3）班级读书会就是聊书，这是一种不周全但又切入本质的说法，聊书会让人感到亲切、惬意，正如知心朋友在一起聊天一样，它没有约束，班级读书会要的就是这样一份宽松和自由。所以班级读书会的流程不宜设计得太复杂，应尽量简单深入。

据了解，深圳市坪山新区华明星学校的整本书教学只是一个起步阶段，结合孩子们的特点，经过深入思考，对于这次的读书交流会，我设计了四个板块的活动。

活动一：看图说故事

小组选择一幅图，然后一起简单说说这幅图的故事，推选说得最好的同学起来说，在全班分享。这样设计的目的，指向于图像化阅读策略，把文字还原成图像，通过对图像的整理，把握故事情节，同时训练孩子复述故事的能力。

中间穿插两个精彩片段的赏析，一是老山羊告诉威尔伯坏消息，威尔伯伤心欲绝，之后它和夏洛、老羊的一段对话。二是夏洛走到生命的尽头，临别前对威尔伯说的一段话，这段话里夏洛全都是在鼓励好朋友要拥有美好的生活，而他自己却是对生命有无尽的眷恋与不舍。通过老师和孩子们的深情朗读、品味，再一次重温故事的精彩。最后概括，这是一个关于＿＿＿＿＿＿的故事，带领学生理清故事情节和线索，了解故事梗概。

带领孩子阅读

活动二：评选"人物之最"

这本书塑造了许多生动的人物形象，在这么多人物中，肯定有你最喜欢的、最不喜欢的，或者你认为最善良、最勇敢、最机智的人物形象，接下来我们举行一个"人物之最"评比，评选你心目中的"人物之最"，并说出评选理由。

这是这堂课最重要的环节。新课标提倡"读好书，读整本的书"，要求中年级学生能"初步感受作品中的生动形象"，能"与他人交流自己的阅读感受"，所以，我这堂课设计的重点是感受作品的人物形象，通过"人物之最的评选活动"激发学生的表达欲望，通过这种生生交流、师生交流的方式感悟人物的特点和品质。

让我惊喜的是，在这个环节中，孩子们的话匣子似乎被打开了，他们乐于发言，且言之有物。一名同学说："我觉得最忠诚的是夏洛，在朋友遇到困难的时候，它总是义无反顾地跳出来，帮助威尔伯解决困难，这才是真正的友谊。"另一名同学说："我觉得最有爱心的是弗恩，她拦住了她爸爸的斧头，救下了威尔伯，在她眼里，动物和人类一样，生命一样重要。""我觉得最懂得感恩的是威尔伯，他把夏洛的514个子女带回农场，无微不至地照顾他们。"……一名又一名同学站起来发言，大家都入情入境，深入到了每一个角色中，我适时出示了夏洛和威尔伯分别前的一段对话，让孩子们分角色朗读，孩子们更深一步地感悟到了夏洛的忠实、善良，无私，以及威尔伯的谦卑可爱、知恩图报。接下来再带着他们欣赏"夏洛和威尔伯分别"的电影片段，孩子们都被故事深深地打动着，有好几个孩子饱含着泪水看完了这一段，让人动容。

活动三：我的微书评

这时再一次总结：这是一个关于_____的故事，孩子们的答案更丰富和深入——友谊，生命，爱心，鼓励……

趁热打铁，再跟孩子们分享两家权威杂志的书评以及我自己读完《夏洛的网》的感受，让孩子们对此书有更深的认识，再引导他们把他们心中的那份感动，把他们读完书后的所思所想写下来，写在书签上。然后把书签和这本名著一起推荐给你最信赖的一个人——你的父母，你的老师，或者你的好朋友，让更多的人感受爱，感受生命和友谊！从孩子们写的微书评来看，他们对故事有了深入的了解，真正地写出了自己的感悟。在这个环节中，孩子们进一步感悟到了作品的内在魅力，体悟到了作品中对生命、对友谊的诠释，熟练地掌握并运用了写体会这一阅读方法。

分享写《夏洛的网》读后感

活动四：好书推荐

在课程结束之际，我把怀特先生的另外两部作品推荐给孩子们，一部是《精灵鼠小弟》，一部是《吹小号的天鹅》，它们连同《夏洛的网》被称为怀特三部曲。怀特一生中就写了这三部儿童文学作品，这三本书也分别被改编成了电影，我将它们推荐给孩子们，激发孩子们更多的读书欲望，引发他们的阅读期待。

一堂课下来，孩子们脸上流露出意犹未尽、依依不舍的神情，我认为这就是对上课老师最大的肯定和鼓励。叶圣陶老先生说过，"从语文教本入手，目的却在阅读种种的书""学会运用多种阅读方法""加强对阅读方法的指导"。我想，在读书交流中让学生喜欢阅读，感受阅读的乐趣，无形中学会阅读的方法，就是我们上"读书交流会"的终极目标。对于《夏洛的网》这堂课，自我感觉在创设愉悦的交流氛围，让学生更深入地走近书中的人物，走近书中营造的童年世界，感受作品的内在魅力，体悟作品中对生命、对友谊的诠释这块完成得不错，但在对学生的阅读方法引导这块仍需努力，自己需要进一步学习，使其更明了！

怀特三部曲

感谢丁清尚名师工作室，谢谢丁主任给予我锻炼、学习、思考的机会，希望这堂课能抛砖引玉，带给大家关于"整本书教学"的一点思考。我想，要引导孩子走上阅读的道路，让孩子喜欢上阅读，让他们的人生因书籍而丰蕴起来，我们仍任重而道远。

但至少，我们已经在路上！

4

第四章

交流与培训

——工作室成员培训实录

通过工作室成员的共同努力，越来越多成员的微课制作以及教学水平得到了提高，成长为能够独当一面的培训老师。培训，是传播微课教学理念和方法的最佳方式之一。培训，既是一种交流，也是一种传播。

丁清尚工作室自成立以来，就将培训视为一份责任。通过培训的方式，不仅教师自身得到了成长，更为重要的是，培训让工作室的方法和理念得到了传播，促进了更多教师和学校在微课教学方面的成长和提升。在培训的过程中，我们可以感受到教师的理念，见证教师的成长；我们还可以看见理念的传播，并真正体验到共同成长、共同进步的幸福。

小制作　大成效

——丁清尚名师工作室陈翠萍老师培训实录

李惠瑶

2017年3月29日下午，电大3206的教室里，多媒体屏幕上播放着微课视频，悠扬的配乐、灵动的画面，让人赏心悦目。

小学语文微课程的运用和思考

亲近随和的陈翠萍老师笑容满面，正准备给大家培训微课。

陈老师从感受微课、微课运用、设计标准、技术练习等方面给老师们培训。一个个崭新的概念、崭新的教学手法，通过陈老师的讲解和演示，让所有老师耳目一新。

微课运用——陈老师从自身例子出发，让老师们体验微课运用于教学、习题、活动、资料收集、家长等方面的优势。

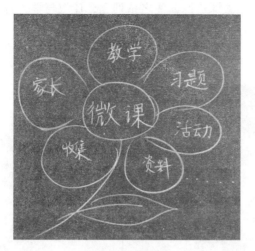

陈老师板书设计

设计标准——介绍了手机微课比赛的获奖标准，鼓励更多的老师参与，进而实现微课成果共享。

鼓励更多的老师参与

技术练习——陈老师演示了手机微课的制作方法。老师们连声感叹：手机微课既容易上手，又容易操作。

此次培训，揭开了微课制作的神秘面纱，让老师们对微课有了更加全面、清晰的认识，领会了微课"微而精，小而奇"的独特魅力，激发了教师们利用现代信息技术促进课堂改革的热情。

短短的半天培训只是引路，从入门到精通还有很长的路要走，特别是由点到面的普及还需要通力合作、周密计划，将老师日常教学中的点滴经验转化成共享成果。积累微课资源，使之系列化，让教与学省时省力，任务还很艰巨。万事开头难，相信不久的将来，本次培训的种子就能长成大树，结出丰硕的果实。

现场观摩与实践、请教

微课走进教学　教师走近微课

——丁清尚名师工作室骨干成员任巧玲老师校本培训实录

陈培益

2017年3月24日，期盼已久的数学微课制作校本培训终于开讲啦！深圳平湖外国语学校任巧玲老师精心制作了课件，带来了一节别开生面的数学微课制作校本培训。任老师讲解从容，语言生动，幽默风趣，赢得阵阵掌声。

任巧玲老师精心制作的课件

微课为何受欢迎？因为它小！小到你随时随地都能做微课。任老师从八个方面给老师们讲解了什么是微课、创始人、微课赛事、小影制作等。培训内容详细具体、通俗易懂，老师们听得入神，感觉有味！

PPT展示：

一、什么是微课？

二、微课的分类

三、微课程的作用

四、有关数学微课比赛

五、微课程的标准

六、手机微课程的设计技术

七、微课录制细节

八、小影技术练习

微课比赛何其多，我们该如何选择？教学应当追求通俗易懂，让学生有学得轻松并开心的效果。龙岗教师进修学校手机微课程大赛正在如火如荼地举办，老师们可以轻松地做系列微课（每个系列五集，每集在五分钟之内），去参加比赛。

观看优秀作品！彩色的人物、表情包，深深地吸引了老师们的眼球。任老师说，微课要抓住三个重点，即简单、好看、易懂。

任老师讲解小影制作微课，并且对老师们进行指导

此次校本培训，在老师们的创作中、交流中、微笑中结束。老师们说还想继续听下去，我们就期待任老师下次继续带来精彩的讲解示范。

开发手机微课程　　促进微课教学发展

——丁清尚名师工作室骨干成员程尚远老师培训实录

谢延红

2017年4月24日16：10，在龙岗街道南联学校三楼考务室，来自育贤小学的程尚远主任给我们学校的小学部老师进行了深圳市龙岗区手机微课程培训课——《学生手机微课程的开发与运用》。四点刚到，老师们就迫不及待地奔赴考务室，满怀期待地学习微课程最新技术与方法。

程尚远老师是育贤小学的主任，丁清尚工作室的成员与讲师，教学经验丰富，玉树临风，才情满溢，但为人却非常的亲切温和，目前致力于手机微课程的学习与开发。在他的语文教学中，他经常用到自己制作的手机微课程，学生都很感兴趣。其微课明白易懂，从而使教学事半功倍。

程老师早早地坐在那里等候我们的到来，待我们坐好后，程老师用亲切浑厚的嗓音开始讲座。一开始，程老师便以从广播中听到的"美国硕士能在线上完成学业"这一新闻为引子，引出"互联网时代正影响着我们的生活，所以微课程火起来是必然"这一说法；接着，他简单地交代了目前龙岗区的微课程在全国领先的事实和相关情况；最后，通过王蒙的一段话告诉我们要适应这个时代，顺势而为。

讲述了微课程的意义之后，程老师从"微课程是什么"到学生手机微课程对我们有什么用，再到制作步骤，最后到"小影"APP的使用、剪辑、配乐、发布等为我们讲解。每一个环节都配有一个微课程，并运用手机助手，同步给在场的老师们直观演示和辅导，一步步操作，耐心地提醒大家"没关系，慢慢来，还没到这步的慢慢来，我等你们"，简直不能再赞！大家在他循序渐进的讲解中，积极开心地拿起手机进行实践，完成了作品后都开开心心地与身边的老师分享。

讲座的最后，程老师提示了微课程的制作要求，希望我们老师能积极参与手机微课程大赛，在学科或者德育方面进行微课程的研究和开发运用，因为微课程可以让学生"共享优质的教学资源，减少教育的不公平"！从这句话中，我们不仅可以看到程老师的教育情怀，还可以看到丁清尚工作室每个成员的教育情怀。最后，程老师以"今天给大家一扇窗，以后大家慢慢进行研究与实践，感谢大家的聆听"为结束语，在轻松的氛围中结束了今天的讲座。因为讲座太精彩，每位老师都觉得收获满满且意犹未尽。

程老师一直致力于手机微课程的学习、制作与推广，正说明微课程的不凡意义和魅力。制作一个微课程，就是留下一个思想的结晶，而这个智慧的结晶就像TED的口号："Ideas worth spreading！"

播撒微课种子　收获学习乐趣

——丁清尚名师工作室优秀成员刘侃清老师培训实录

黄雅妍

2017年3月21日，在这个春暖花开的日子里，丁清尚名师工作室优秀成员刘侃清老师应邀到龙岗区教师进修学校电大五楼电脑室授课，内容是《微课程制作之录屏技术》。

刘侃清老师讲《微课程制作之录屏技术》

上课伊始，刘老师给大家揭开了微课的神秘面纱，解释了微课程的特征，讲解了微课程在实际教学中的好处。

接着，刘老师展示出一系列获奖的微课程作品，包括富有诗情画意的语文微课、灵动机智的数学微课、活泼有趣的英语微课及班级管理类型的微课。通过各类优秀微课程，刘老师向在场所有老师展示了微课程在教学中的灵活运用，也深深吸引了在场初接触微课的老师。大家被这看起来"高大上"又神奇的微课迷住了，都迫不及待、跃跃欲试了。刘老师告诉大家，其实制作微课程一点都不难。想做好一节微课，先要做好以下几个步骤。

PPT展示：

Part 2　撸起袖子做微课程

制作步骤：

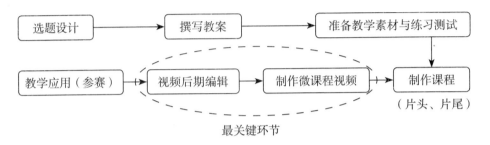

趁热打铁，接着大家就开始撸起袖子做微课程啦！

刘老师先教大家安装喀秋莎软件，再指导学员一步步进行操作。刘老师讲得清晰、仔细，学员们学得也十分认真。在遇到不懂的地方，学员们还积极向刘老师请教，学习热情十分高涨。

刘老师教学员使用喀秋莎软件

在刘老师的指导下，大家学会了用喀秋莎软件录制微课程，会使用录屏、剪接、间隔、插入图片或视频、转场、变焦、编辑声音等功能，对微课也有了更加深入的了解。

学员认真学习

　　课程结束后，大部分老师都学会了如何制作一节简单的微课，也激发起他们对微课程制作的兴趣。今天的课程结束了，但是对于微课程的开发和学习，就像春天的种子一样播撒在每个学员的心中，在这和煦温润的春风中悄然发芽。让我们期待大家的微课程结出更加丰硕的果实吧！

注重细节 彰显智慧

——丁清尚名师工作室陈琳老师培训实录

为了落实教师信息技术应用能力提升工程，有效促进我校教师的信息技术水平，探索教育信息化环境下有效教学的新途径，引导教师在教学实践中养成运用微课程辅助教学的习惯，本周五下午我们迎来了清林小学手机微课程第二回专题校本培训活动。

本次培训由丁清尚名师工作室成员、育贤小学陈琳老师主讲，培训专题为"手机微课程的案例分析与评价"。陈琳老师向我们重点讲述了手机微课程的"细节"部分。

陈琳老师主讲"手机微课程的案例分析与评价"

一、选题

陈琳老师说道，选题有妙招，要学会站在巨人的肩膀上选题！以数学微课选题为例：姓名—学科—专题—标题——根据这个公式，选题不是问题！

二、案例展示与评价

陈琳给老师们播放了两个手机微课程一等奖的获奖微课，然后从微课设计方法、片头设计等方面为我们梳理了课例流程。

三、录制细节

陈琳老师先带我们解决录制微课时最常见的问题，譬如调光线、选录制地点、固定用具、处理卡带等问题。接下来就是对录制细节进行实操讲解。

陈琳老师在讲课

诚如陈琳老师所说"好的开始是成功的一半"，怎样才能制作一节好的微课？细节决定成败，这也是本次培训我们最大的收获！

5

名师课程馆

——加强微课资源库建构

　　一滴水只有汇入大海，才能永不枯竭。一个人的智慧和力量是有限的，我们身处一个开放的时代，只有汇聚更多的力量，交流更多的想法和共享更多的精品资源，才能够让微课教学进一步发展。共享、交流、精品，是微课资源库产生的背景。只有建立微课资源库，提供共享平台，名师的精品微课程才能够得到最大价值的利用，才能发挥其应有的作用。名师课程馆，是微课资源库建构的关键。

雪降哈尔滨　喜临课程馆

——记哈尔滨李玉平团队微课程展示馆学习之行

陈倩仪

教育不是注满一桶水，而是点燃一把火。

——爱尔兰作家威廉·巴特勒·叶芝

有幸得知李玉平老师团队将于2017年12月30—31日在冰城哈尔滨举办微课程展示馆，我怀揣着崇拜、热情与好奇之心前往学习。在沉浸式与场景化学习体验中，本人彻底被李老师团队的专业精神与创造力所折服。"馆藏"丰富，收获满满！

冰城哈尔滨

我们的"馆长"：李玉平，男，微课程创始人，从事微课程开发研究十多年，形成深受一线教师喜爱且应用甚广的微课程开发体系，其弟子遍布全国，可谓桃李满门，现工作于内蒙古鄂尔多斯东胜区教研中心，任职副主任。

李老师是从一线成长起来的教育专家，出身民办教师，当过校长、书记、教研员、教研室主任，在内蒙古、北京等地工作过，曾应邀到英国牛津大学和澳大利亚莫纳什大学与项目组成员进行学术交流，他与其团队的研究引起了国内外同行的关注。

"馆长" 李玉平

现在就由我来充当导赏员，与大家共同走进丰富多彩且实用的"馆藏"。

（1）《小策略开发手册 区县成果标准化开发》由李玉平、施玉昌、雷斌微课程工作室开发，系统地说明了"课程有什么""课程要做什么""怎么得到课程"，以及"成果如何转化为技术""成果如何转化为内容""理解新世界"等内容。这使得区县成果通过策略化、可视化、课程化的手段实现标准化。

（2）《送给教师的40绝技》，此套课程来自鹿城区教师培训和科研中心与鹿城区教育信息中心，通过40款工具，形成积木式课程，以游戏闯关的方式进行学习，让培训不再单一与枯燥。培训变得更有趣、更实用！

（3）《混龄教育跟我学》，此套课程由葛晓英混龄教育工作室和福建省葛晓英名师工作室出品，课程包含混龄教育特色活动和混龄地方文化活动两大部分，该课程荣获教育部颁发的首届基础教育国家级教学成果奖。

（4）《合作学习36计》由武汉市经济技术开发区洪山小学"鸿雁"合作学习工作坊与李玉平·雷斌微课程工作室联合出品，课程基于教师日常工作困惑，旨在用合作来学习合作。课程共设有"合作环境""团队建设""合作策略""行为训练""评价反思"五个关卡，以游戏闯关的方式，学习和掌握合作学习的真招。

（5）《思维导图跟我学》是湖南省岳阳市中小学教师发展中心肖裔主任开发的系列微课，该课程传授思维导图的五大应用方法，培训时，采用让学习者体验新颖的"四阶段多元交互"培训模式。这是一系列切实可行且高效的课程！

（6）《基于互联网的学校生态建设课程》系列，由来自湖北省随州市外国语学校的团队开发，该课程从两个方面构思与开发：一是基于经验的开发，把经验转变为优秀成果，把个性问题转化为共性的、可供学习的课程，并加以推广；二是基于问题的开发，以教育教学中遇到的问题为导向，进行教研活动，形成教研策略，将共性的问题转化为可供研究的策略，进一步反哺到教学之中。

《基于互联网的学校生态建设课程》系列，外国语学校的团队合影

（7）《私人定制课程》，由马巧燕校长带领的吉林长春自强小学团队创作，该课程旨在为每一位教师量身定制属于自己成长的课程，包含四大类：①管理课程：《巧燕说事》（50集），从教师管理、学生管理、研究管理等方面，用讲故事的形式谈学校管理；②教师培训课程：《小组合作系列》《给教师的22个实用工具》，以工具化辅助教育教学工作；③行为导行课程：《入学导行课程（初、中、高级）》；④学科课程：《谢老师讲数学》（100集）、《评书语文》（100集）。其中，由自强小学高淑杰老师创作的《评书语文》课程，以墙书的形式展现100集语文微课程，将时间定为横坐标，诗歌分类定为纵坐标，根据坐标描图，展示诗歌情景，实现古诗词的通关学习，打破了诗词学习的年级界限！如同"清明上河图"一般的震撼与价值连城！

（8）其他微课程，诸如《微课程与码书设计、场景课程开发（3.0）》《版权课程开发与运用模型》《手机微课程开发技术（3.0）》《手机微课程开发与运用》《手机听评课技术》《编写码教案》《二维码校本教材》《码校史室》《码校园建设》《精品故事开发》《策略库开发》《宣传片培训》《PPT培训》《学生小专家》《教师讲故事》等。

其他微课程

丁清尚老师（深圳市龙岗区名师工作室主持人、龙岗区微课程特色工作室主持人、李玉平老师首席弟子）在会后指出："课程馆的场景化学习表现出五大特点，即课程培训直观化，课程呈现立体化，课程开发专业化，课程开发系列化，课程体验游戏化。"他在《连接一切，决胜未来——记〈互联网+教育手机微课的教学应用和探究〉主题报告》中提出："我们老师应该从学生问题、教育现象、课堂教学等一线岗位碰到的实际问题及需要出发，研究微课题，开发微课程，固化微成果，推广微经验。每位老师都是课程的开发者、设计者、实践者、推广者。课程开发不是某一个专家、教授专职的事情，也不是某一个出版社的事情。需要基于国情，利于学校发展，促进学生成长，立足一线教学需要，开发多学科、多层次、多元化、立体式的课程体系。不仅有国家的课程体系，地方的课程内容，学校的课程文化，也有个人的课程结构和资源库。"由此可见，我们的课程馆建设是一个由点到面，由浅入深，辐射全国的有益事业。

丁清尚老师和李玉平老师合影

李玉平老师在《2018，课程馆来了》一文中提出了对未来的期待、规划与畅想：

"课程馆"将是一个新的飞跃，首先要将课程形成"培训课程"，从经验到课程，再到培训课程。"课程馆"实现了成果的第三次转型，将建立课程、人、基地的链接，将建立线下与线上的链接，将建立培训与第三方合作的链接。

课程馆将形成我们自己的内部"课程圈"基地：东北基地、山东基地、西北基地、湖北基地、福建基地等课程馆基地，也将延伸出与第三方合作的外部"课程圈"：《×××机构——深圳课程馆》《×××网——广州课程馆》《×××公司北京课程馆》。

围绕课程馆将研究人工智能学习，研究自动推送与智能诊断技术；围绕课程馆向下深化实践、向上与互联网对接，将在长春自强小学、武汉洪山小学开研究会，深度打磨"课程馆"并使其形成影响力品牌。

爱尔兰作家、诗人叶芝曾说："教育不是注满一桶水，而是点燃一把火。"在北国冰城，李玉平老师团队为我们点燃了一把火，一把让我们要把教育做得更智慧的热火！

2018，我们下一站课程馆见！

感激我遇见，感谢您送宝。

构建课程馆，提升教师专业素养

提升教师的专业素养，是教育部门加强中小学教师队伍建设的重要举措，是一项长期的综合性系统工程。各级教育部门、学校在注重教师队伍发展和壮大的同时，必须更加重视教师队伍质量的提升，需要创新教师培训研讨的工作思路，努力为提升教师专业素养创造更多积极的平台。因此，中小学校要充分结合校情，不断创新课程开发模式，在教育管理中实施"以人为本"，积极发挥教师团队的智慧和创造力，通过不同的渠道来构建课程馆，重视对教师专业素养的教育培训和学习交流，如此才能实现教师队伍质量和学校教育教学质量的同步提高。

课程馆系统地说明了"课程有什么""课程要做什么""怎么得到课程"，以及"成果如何转化为技术""成果如何转化为内容""理解新世界"等内容。通过借助互联网实现众多学习链接的新的学习模型，人人都是课程开发者，每个人可以依据自己的优势，恰当地定制自己的课程开发方向，用开发课程来促进自己的专业发展，用技术来变革我们的教育。现在的教师培训不再是以前那种讲座式、灌输式、填鸭式的培训。目前，已经有一些学校意识到了开发课程馆的重要性并大胆做出了尝试，推动学校课程与场馆学习的深度整合，在校本课程中积极营造一种新的学习场景。在这种场景氛围下研讨、交流、固化成果，通过小组合作、开发课程等方式来促进教师的培训，从而提高教师的专业素养和实践水平。

一、课程馆的定义

课程馆是课程的集合，借助互联网，将"人、课程资源、智能工具"置于一个具体的物理场景中，为"虚拟"与"现实"的交汇点，融研训、实践、探究、体验于一体，是实现众多学习链接的综合性场馆。

二、构建课程馆的重要性

课程馆建设正是顺应了新时代对教师的专业素养提出的要求，其对丰富与拓展教材，促进教学方式的转变和促进师生发展都有着十分重要的意义。教师开发课程时要将课程形成"培训课程"，从经验到课程，再到培训课程，"课程馆"实现了成果的第三次转型。课程馆将建立课程、人、基地的链接，将建立线下与线上的链接，将建立培训与第三方合作的链接。围绕课程馆，将研究人工智能学习，研究自动推送与智能诊断技术。围绕课程馆，向下深化实践，向上与互联网对接。这使得教师成果通过策略化、可视化、课程化的手段实现标准化。

三、在构建课程馆中应采取的有效对策

课程馆作为一种新型的场景化学习方式，它的主题创设、开放协作、场馆布置、活动安排等方面都对学校以及教师的课程开发和实施能力提出了更高更新的要求，因此必须思考有效对策，才能让课程馆不流于形式，从而真正实现教师专业素养的提升。

1. 课程培训要直观化

基地学校包括个人，能够开发自己的课程，固化自己的教育教学成果，然后放到一定的场景里面，让老师们能够相互学习、相互了解，而且基地学校或者个人要把他们的做法，通过微课、码课、码书、应用场景化等方式让培训老师更加直观、具体、形象地了解到，如清楚课程开发的方向、明白具体的做法以及成果固化的方式。让教师成长有方向，让学校发展有门道，让成果固化有工具，让课程开发可持续、可发展。

2. 课程呈现要立体化

场景化的培训课程能够让教师培训实现可视化，有助于精细研究，促进问题发现。场景化课程体系既有文字的，又有图片的，既有视频二维码，又有纸质平面版的口袋书，使得课程学习更加立体化，操作性更强。老师学习后，经过对成果的策略转换、课程处理或帮他人开发成果，能够实现课程转化和场景设计，并完成课程培训。

课程呈现要立体化

3. 课程开发要专业化

教师培训从需要出发，通过场景化的课程体系学习开发课程培训，从而形成地方资源库，使得教师的成果能够落地，最终形成本土的教师培训发展新模式。用小策略思维开发本土成果，用可视化技术呈现变革成果，用二维码技术建设网络课程，培育本土成果，形成本土品牌，最终让教师课程开发和培训实现专业化的发展。

4. 课程成果要系列化

教师课程成果的开发主要有两大类，一类是已有成果，比如科研论文、发表或获奖作品，比赛课、公开课、讲座、经验介绍等；第二类是潜在成果，比如本职工作、个人优势、单位优势、名师工作室优质活动等。针对这两大类，可以确定一个目标，围绕目标创造一个任务，形成一套课程，完成一次课程体系的开发。从价值上来讲，这两类成果中，第一类是过去的成果，经过检验，更有优势，适合集中开发；第二类是现在或者未来的成果，有待检验，是一种工作方式，培训后，进入常态工作，顺势开发。其中需要注意的是，课程开发主张少而精，防止出现想做的事情太多太杂的情形，因此需要明确的是，开发的内容虽然不是最前卫的，但是一定是最实用高效的，而且能够开发成体系的系列化的课程。

5. 课程体验要游戏化

学习培训虽然说是一件非常"严肃"的事情，但是事实上同样可以在形式上实现"好玩"。游戏化已经成为不可阻挡的一种趋势，是一种更加有效的学习方式。实践证明，通过游戏体验的学习方式，整个课程的培训和学习会更加具有趣味性、挑战性或富有动感。比如，"四步式思维导图教学法"，就可以分解成课堂教学活动绘制技能训练，由教师备课，把这四个维度分别用闯关的方式进行一个课程的设计。每完成一个步骤，老师就在相应的闯关里面写上自己的名字，或者先写好名字，然后把名字撕掉，表明通关成功。培训课程的游戏式体验，能够让参训者产生身心的愉悦感和满足感。

6. 课程传播要线上线下一体化

互联网特别是移动互联网的迅猛发展，丰富了人们的生活体验，改变了人们的生活方式，更改变了人们的学习模式。相对于传统学习而言，随着网络课程的冲击，现场面授课程的规模在逐渐压缩。对于培训行业而言，由于线上线下的学习结构不断发生变化，培训课程也随之发生变革，课程体系不断得到优化，从而使得培训行业出现新的拐点。因此，对于相对传统的学习来说，由于线上人们选择的自主性，线下优质的师资和课程就变得更加重要，我们在守好校本培训阵地的同时，更要把握互联网带来的巨大机遇，将传统与现代巧妙地融合起来，将线下优质师资、课程资源与线上便捷学习进行有效结合，实现培训课程生态圈的蓬勃发展。同时在线上便利性的基础上，又能反哺线下的现场体验，使得线上、线下学习培训切换自如，实现无缝对接，实现真正意义上的移动互联。课程馆，是随时代发展应运而生的产物，它的建立能够帮助学校和教师全面深度整合资源，建立在线智能管理平台，打通线上线下渠道，实现多渠道聚合管控，推动渠道扁平化，实现课程传播线上线下一体化。

总之，课程馆通过充分发挥课程共同体作用，携手挖掘校内外多种优质课程资源，在时空上灵活大胆地做出创新，从新的角度培训教师、变革研究、开发课程、传承文化，不断提高教师的专业素养。学校、教师可以依托某个课程的小小切入点，找到成长的新方式。这就是技术与课程改革的辩证法，技术不只是技术，更是课程改革和发展的一个切入点，从而为课程改革注入新的生命力。

名师课程馆，我们来了

随着互联网的发展，新课改的深入推进不断催生着新事物的发展，课程馆作为一种新的学习模式已悄然形成，而且越来越受到广大师生的密切关注。

丁清尚老师认为，课程馆是课程的集合，以课程为载体，以教师研训为中心，以国家课程、地方课程、校本课程深度融合为组织方式，借助互联网将"人、课程资源、智能工具"置于一个具体的物理场景，为"虚拟"与"现实"的交汇点，融研训、实践、探究、体验于一体，是实现众多学习链接的综合性场馆。

2018年4月27日，由全国中小学教师继续教育网（简称"全国继教网"）主办，华南师范大学网络教育学院、长春市宽城区教育局、宽城区自强小学、长春市四十八中学、新思路教育承办的"未来教育"系列活动之名师课程馆建设论坛暨名师课程馆启动仪式在长春市四十八中学隆重举行。

现在是个移动互联快速发展的时代，不管你愿意不愿意，喜欢不喜欢，承认不承认，变化已经来临，变是这个时代最突出的特点。这个时代唯一不变的就是变，回想我们身边发生的事情，就能发现端倪，从现金到刷卡再到现在的移动支付，从银行到支付宝，从供销社到商场再到淘宝，从营业员到无人值守，从短信到微信，每次的变革都是悄无声息，却又深深改变着我们的过往习惯。如今，没有手机简直寸步难行。尽管如此，我们依旧有遗憾？那又是什么呢？用李玉平老师的话来说，就是我们的教育并没有从真正意义上意识到这种变革，或者说我们的好多变革其实停留在表层的较多，大多还停留在一个肤浅的理解阶段，对于技术、对于教育变革的深度介入、深度理解还做得远远不够。所以，未来已来。但，我在哪里？值得思考。

互联网时代

　　一个知识点，一个故事，一段视频，一集微课，互联网嵌入，教你用数字化的方式，记录工作中的点滴。用微课程揭开教师成长和学校发展的密码，用课程馆串联线上线下的精彩。

互联网嵌入

　　一个汉字，一段历史，一幅插图，一个二维码，用手机扫出一个不一样的现代汉字演变过程。

"一二三上"

一个思维导图，梳理内容，条理清晰，层次分明，一个小环节就是一集微课，一个大分支就是一系列微课程。如何让学生快速地成为最好的自己，如何指导学生的行为，一套课程，一本手册，教你用互联网的方式做好学生的行为引领工作。

一本码书，确定课程标准，梳理专题课程，内容转成项目，统整学习目标，长周期大目标地学习。

一个名师课程馆，打破常规课堂教学，板块式学习，通关式学习，跨越学科学习，跨越区域学习，一种全新的学习方式——喜欢哪里扫哪里！

名师成果丰富，名师引领课程开发，工作室变成创客工场。聚焦名师的优势，把名师的成果进行"课程化，可视化，碎片化"开发。

用技术改变教育，用思维迎接时代，研究需要技术，成果源于自身。人人都是课程开发者，依据每个人的优势，确定课程开发方向，用开发促进专业，用技术变革教育。

变革，与技术有关，与自媒体有关，一个不经意的事件可能成为引爆点，把培训班做成创客工场，把研究成果做成课程产品，把培训对象发展成新合伙人，把培训过程变成空中课堂。

你想让你的课堂教学更加轻松吗？你想让你的学生对学习充满兴趣吗？你想让自己的专业成长更简单有趣吗？你想让你的教育教学成果转换成码书吗？你想！来吧，来吧，加入我们的名师课程馆吧！

未来教育——"名师课程馆建设"论坛

6

第六章

传道与解惑
——工作室对外交流与传播

　　坚信微课能够改变教育，这是一种信仰，也是一种使命。工作室成员以丁清尚老师为主，积极开展对外交流，为诸多中小学校提供微课教学培训。通过培训，微课教学理念和方法得到迅速传播，从整体上提高了微课教学水平。这是新时代教育道路上的传道解惑，对工作室成员来说，这也是一种新的成长。通过交流与培训，他们走在成为名师的路上。一颗颗种子，终究会成为教育的大树。

送微课

——丁清尚微课程工作室走进育贤小学培训录

陈晓玲

2013年12月25日，丁清尚微课程特色工作室成员走进育贤小学，开展语文教学中的微课程脚本沙龙活动。育贤小学语文老师、工作室成员程尚远老师给该校的语文科组老师做了《语文教学与微课程脚本》的培训。

下午14：30，活动准时在育贤小学会议室开展。首先，该校教学处向主任对工作室做了介绍，他指出了目前微课程在龙岗区乃至深圳市的重要地位，并代表学校对本次活动予以大力支持，同时，勉励语文科组全体成员积极学习微课程，提升自己的教学业务水平。

接着，程尚远老师开始做培训讲座。在正式讲解微课程脚本之前，程老师设置了一个别开生面的互动环节，先将老师们按照年级分为四大组，以小组为单位对课文《第一次抱妈妈》进行导语设计，并指出该设计的优势及风险预测，最后将其呈现在展板上。面对这样一个问题，大家开始头脑风暴，各显神通，分工合作，几分钟后便完成了精美的导语设计。接着，又以小组的形式上台交流分享。

经过一番实践学习之后，程尚远老师再顺势推出微课程脚本的概念介绍，指出这种导语设计可以变成一个微课程脚本，并介绍了微课程及脚本的相关知识。讲座中有理论讲解，也有微课程作品展示，深入浅出，大家纷纷表示受益匪浅。活动的最后，丁清尚老师还向育贤小学的老师们赠送了第一期《微课程》杂志，这让老师们对微课程在语文教学教研中的运用有了更深刻的认识和启发。

　　本次活动的成功开展，是丁清尚微课程特色工作室迈出的与一线学校合作的重要一步，今后还将陆续送课到其他一线学校。

育贤小学语文科组老师在听微课程讲座

微课程的认识与制作

——丁清尚微课程工作室走进深圳市葵涌第二小学培训录

　　3月10日、3月17日，丁清尚微课程特色工作室丁老师受邀为深圳市葵涌第二小学全校近100位教师进行为期两次的《微课程的认识与制作》培训。工作室成员程尚远和连苑辰老师分别随同参加了这两次培训。

　　讲座开始，丁老师依次介绍了微课程发展的时代背景、国内外微课程研究的现状等，并用精美的微课程成品案例导入了讲座主题——微课程的认识与制作。

　　在讲授的过程中，丁老师组织大家研究微课程脚本成品案例《小红花》AB案、《诚实的层次》ABC案，让学员们在对比中发现微课程脚本的构成元素、结构特征及语言特点。他还详细讲解了微课程脚本撰写的注意事项、素材来源，脚本的主要类型、脚本编写的模板、制作脚本的步骤以及制作微课程应注意的事项等。他精彩的讲解，接地气的语言，丰富的案例，让葵涌二小的老师明白了怎样从日常教学的原材料中获取有价值的素材。在讲解微课程分类时，丁老师还适时地播放各种典型的微课程，并让学员进行讨论学习，让老师们受益匪浅。

　　在培训中，程尚远老师针对家校微课程的开发做了微型讲座，通过《和孩子一起成长》案例的剖析、视频演示等手段，引导参训老师从另一个视角发现微课程脚本开发的可行性和实用性。

程老师做家校微课程的微讲座

另外，丁老师还和与会教师就工作室第一期《微课程》杂志进行了交流，以此增进老师们对微课程的了解，并促进微课程在日常教学中的应用和推广。

葵涌二小刘校长、谭主任等领导高度赞扬了此次培训，并鼓励全体教师认真学习微课程，从而提高自己的教学、教育研究水平。

整个培训过程互动热烈、笑声不断，学员对微课程的编写和制作有了深刻的认识，对微课程产生了浓厚的兴趣。

帮扶结对

——记平湖外国语学校与龙湖学校结对帮扶活动

黄雄军

本文为丁清尚微课程工作室走进龙湖学校培训录。

为切实践行党的群众路线，大力推动学校结对帮扶活动的开展，努力促进区域教育的均衡发展，5月29日下午，在平湖外国语学校党总支部的率领下，丁清尚微课程工作室、平湖外国语学校的党员代表以及小学部数学科组的数学教师等一行13人来到龙湖学校开展帮扶活动，南园学校教师也出席了此次活动。

丁老师为龙湖学校赠送《微课程》杂志

活动中，小学部数学科组的雷老师首先给龙湖学校的教师们执教了一节数学示范课。随后，丁清尚微课程工作室主持人丁清尚老师做了题为《基于微课程开发的校本研修》专题讲座，丁老师从微课程的起源、微课程的应用、微课程的制作三个方面给在座的教师做了详细而生动的主题培训。微课程作为多媒体教学的一种全新方式，让参与培训的教师们耳目一新，他们也表现出参与微课研讨的极大热情。

本次活动得到了龙湖学校、南园学校等领导和老师的广泛好评，龙湖学校王校长在总结讲话中赞叹道："这次活动的针对性强，内容实在，对龙湖学校今后教学教研活动的指导性非常强，希望今后加强两校此类活动开展，继续提升教师的专业素养和教研能力！"

学习录屏技术　提升课程开发能力

——丁清尚微课程工作室龙岗区龙城小学培训录

陈晓玲

2014年11月16日上午，丁清尚微课程工作室成员相聚龙岗区龙城小学，在初冬的暖意中开展了工作室培训交流活动。

到达龙城小学之后，我们先是在罗老师的带领下参观了龙城小学的校园文化长廊，如精巧细致的生物园、创意十足的创意园、作品丰富的专利园，以及知识氛围浓郁的科技馆。龙城小学以"激励"为主题的校园文化，处处彰显着学生的小智慧，让大家在参观中充分感受到了学校对学生的关怀与鼓励。

接着，工作室主持人丁清尚老师为大家精心准备了一场主题为"学用录屏软件制作微课"的培训讲座。丁老师在安装软件、功能介绍、微课设计、录制、剪辑、生成等环节进行了详细讲解，随后工作室成员一一进行实际操作，老师们很快就掌握了基本的制作技巧。在此基础上，大家还对中国教育报刊社组织的微课程比赛进行了热烈的研讨。

培训之后，大家针对工作室本学期工作进行了讨论交流。丁老师鼓励每一位工作室成员选择自己擅长的一个微课程技术进行深入探究，并将自己发展成为相关领域的培训师。他指出，微课程工作室自创立以来，在龙岗区乃至全国已有一定的影响力，本学期的工作重点仍是继续开发微课程并进行传播与交流，积极利用每次研讨和外出交流的机会，在沉淀中提升工作室成员的研究能力和业务水平，为龙岗教育添砖加瓦。

工作室成员在龙城小学合影

读懂微课，助力教师成长

——下李朗小学培训录

刘莎莎

2017年3月17日，在这样一个云淡风轻、玉桂飘香的日子里，下李朗小学全体老师有幸聆听了深圳市微课程名师工作室主持人、平湖外国语学校教务处主任丁清尚带来的精彩讲座——手机微课程的开发和运用探究。丁老师的精彩讲解，让我们更进一步认识了微课。

丁清尚的讲座——手机微课程的开发和运用探究

当丁老师问"一个录像课算不算微课？一份课件PPT算不算微课"时，很多老师都是感到疑惑的。对于"微课"，很多老师对它的理解还是模糊的，甚至根本不认识它。而丁老师通过短短一个半小时的讲解，为我们清晰地介绍了什么是微课，微课有什么特点，做微课有什么意义，并鼓励大家尝试去做，因为这一新兴教学手段是教育业未来的发展趋势。微课在教育领域中扮演着越来越重要的角色，带来了教育发展的新契机，开创了教育领域的新纪元。

让我印象深刻的是丁老师举了个真实事例——一位体育老师因开发了课堂游戏的系列微课而闻名并致富，从此在物质和精神上获得双重丰收。他热情洋溢地鼓励大家走在时代的前沿，幽默而真诚地倡议大家开发微课，如以此赚外快，说不定真的也能成为一个土豪呢！

而更让我激动的是，确实如丁老师所说，物质上优越并没什么好炫耀的，厉害的是精神上的优越。想象一下，当作品发扬光大、被广泛传播后你的成就感，这意味着你的教学不仅仅是面对你班里的几十名学生，而且有可能面对全国各地千万名学生。

但很多老师也许还是对微课的"威力"有质疑，觉得面对面授课一样能教得很好，觉得自己不会使用手机电脑的录制软件，等等。那我建议大家在微信公众号或者百度搜一下微课，我在课下已经更深入地去了解微课了，全国各地已经有很多老师在分享自己的成果，而且很多是可以直接下载下来作为自己上课的"教具"的，所以我觉得微课的作用与意义毋庸置疑。但我们当然不能只套用别人的劳动成果呀，我们也应该乐于学习新的教学手段，尝试着去做，也许会有小惊喜、小成就呢！至于如何解决不会录制的问题，我觉得只要有心学习并勇于尝试，这都是非常容易解决的问题！

所以我在这里响应丁老师的号召，让我们行动起来，尝试着去做微课吧！我也祝愿各位老师包括我自己，能在第二届微课大赛中取得好成绩！我相信这一定会让我们有所收获的，说不定做得不错还能开发出一系列课程，一不小心真的成为"亿万富翁"了呢！梦想还是要有的！

再次感谢帅气的丁老师带给我们的新知识，让我们携手共进，为教育事业贡献一份力量！

名师引领　微课进校

——沙塘布学校培训录

为响应龙岗区教师进修学校"探索教育信息化环境下有效教学的新途径"的号召，增强教师的微课制作能力，我校于2017年3月16日下午开展"微课制作学习"培训活动，由深圳市微课程名师工作室主持人、平湖外国语学校教务处主任丁清尚担任本次的主讲。

丁清尚主讲"微课制作学习"

在近两个小时的培训中，丁主任用轻松诙谐的语言、极具趣味性的操作方法和大家一起聊"微课"、谈教育。他从"感受微课"出发，展示工作室不同内容和风格的"微课"范例，科学地解读"微课"的特点和应用，让老师们真切地感受到微课的实用性和简便性。

在培训中，丁主任现场指导大家使用手机软件制作微课，让老师们体验制作微课的奇妙与乐趣。

　　为了给老师们提供一个获得名师指导、分享作品以及互相学习的平台，丁主任现场组建了"沙塘布学校手机微课"微信群，鼓励老师们积极分享作品，并承诺将亲自对老师们的作品做出相应指导。丁主任的敬业精神让老师们由衷敬佩。

　　通过此次培训，所有老师对"微课"的认知更为准确、深刻了，对探究"微课"的制作、与学科教学的有效整合充满兴趣。

　　相信在名师的引领下，沙塘布的教师队伍必将不断探究，扎实实践，把微课应用于教学实践中，为教育教学助力！

我们走在收获的路上

——龙门县教师培训录

陈晓玲

程尚远老师，丁清尚名师工作室骨干成员，又一次受邀出去培训啦！看！这次是受邀到龙门县开展培训哦⋯⋯

龙门县教师进修学校邀请函

深圳市龙岗区育贤小学、丁清尚名师工作室：

为充分利用县内教师培训资源、发挥教师培训师在教师发展中的示范引领作用，我校定于11月9日至11日举办龙门县教师培训师研修班，拟邀请程尚远老师届时到我校为培训活动做《手机微课程开发与应用》专题讲座。

一、具体时间：2017年11月10日（1天）

二、培训地点：龙门县教师进修学校办公楼一楼学术报告厅

三、培训对象：龙门县教师发展工作坊成员和部分教师培训师（58人）

四、联系人：龙门县进修学校×××

（联系电话：×××××××××××）

请帮忙予以协调，谢谢！

龙门县教师进修学校

2017年10月31日

惠州市龙门县进修学校组织本县工作坊骨干教师58人接受为期三天的集中培训。丁清尚名师工作室骨干成员程尚远老师应邀开展了一天的《手机微课程开发与应用》培训。程老师通过案例展示、技术讲解、实践操作等方式让学员们掌握了手机微课程的作用、制作、设计及应用，整个培训过程紧张而热烈，学员们收获颇丰。

惠州市龙门县进修学校组织本县工作坊骨干教师集中培训

一天的培训虽短，但意义非凡，丁清尚名师工作室程尚远老师给龙门县的参培教师们带去了满满的干货。手机微课程已在龙门县教育界落地开花，让我们一起期待收获的果实吧！

手机微课程，玩转兴致课堂

陈丽琼

2017年11月10日，在龙门县教师培训师研修班的培训中，我有幸参加了深圳市龙岗区育贤小学、深圳市龙岗区丁清尚名师工作室骨干教师程尚远老师给我们呈现的精彩课堂《手机微课程开发与应用》。我觉得此行收获满满，必将终身受益。

程老师以丰富多样的授课形式展开培训，通过案例展示、技术讲解、实践操作等，让学员们在轻快、有趣而刺激的气氛中顺利完成一个接一个培训任务。这让我对手机微课程有了更清晰明确的认识。本次培训让这一批未来的培训师们掌握了用新颖好玩的乐秀视频编辑器制作各种精彩视频的技能，如多视频叠加、转场，分割、裁剪视频等，为学员们在以后的教学与培训中提供了更强大的展示平台，这对于一线教师来说是一份宝贵的资源。

程老师严谨的工作态度、亲切的笑容、细致入微的讲解与示范，带给学员们如沐春风般的温暖，值得我们学习，并让我们深受感动。

我相信，通过一天满满的充电培训，学员们将会成长更快，今后自己开展培训时将更加得心应手。我会以程老师为标杆，努力让自己成长为一名更优秀的教师、培训师、教练。

（作者系本次培训班学习委员）

手机做媒介 微课再春风

——深圳市大鹏新区葵涌中心小学培训录

陈晓玲

9月14日，应深圳市大鹏新区葵涌中心小学邀请，中国微课程研究专家、深圳市龙岗区名师工作室主持人——丁清尚主任为该校数十位老师进行了"手机微课程开发与运用"的培训。

首先，丁主任为大家详细介绍了手机微课程的概念、现状及发展，并给老师们展示了两个因手机微课程而走红的教师，预言了手机微课程潜在的强大市场。

然后，丁主任又介绍了手机微课制作的两种软件——乐秀、蓝墨云班课，并以乐秀为例，幽默风趣地讲解了手机微课的制作过程。整个流程清晰明了、通俗易懂、操作性强，学员们学起来容易上手，学习氛围相当浓厚。

此次微课程培训，为老师们学习手机微课程带来了新的启示，激发了老师们制作手机微课程的兴趣。

丁清尚主任为数十位老师进行了"手机微课程开发与运用"的培训

交流阅读　分享幸福

——罗莎老师走进西坑校园培训录

陈 潇

邀请函一波接一波，丁清尚名师工作室的老师又收到邀请函去开讲座啦！看，这是丁清尚名师工作室罗莎老师收到的邀请函！

深圳市龙岗区横岗街道西坑小学

——关于邀请罗莎老师参加西坑小学阅读讲座的函

龙岗区龙城小学、丁清尚名师工作室：

　　为提升我校语文课组阅读教学水平，我校于2017年10月17日14：30—16：30举办阅读教研讲座。

　　为做好该项工作，兹邀请贵工作室罗莎老师于2017年10月17日赴西坑小学开展讲座活动，请帮忙予以协调！

　　谢谢！

深圳市龙岗区横岗街道西坑小学

2017年10月16日

培训结束后，西坑小学还做了专门的报道。内容如下：

　　为提升我校语文科组阅读教学水平，10月17日下午，龙岗区小学语文学科带头人、丁清尚名师工作室培训师、龙城小学罗莎老师走进西坑小学，与西坑小学全体语文老师一起，开展了主题为"阅读是一种幸福的能力"的阅读教研讲座。

罗莎老师笑容亲切，话语娓娓道来，深深吸引着西坑小学的老师们。罗教师从"为什么读书""读什么书""怎样阅读"三大板块为大家分析了提高学生阅读水平的方法。

罗莎老师的"阅读是一种幸福的能力"阅读教研讲座

罗老师说，我们的阅读教学要注意课内外阅读的结合，课内外阅读应该是一个互相促进、相辅相成的过程，例如：可在课文学习前后为孩子推荐相似文章或者原文进行阅读等。在为孩子推荐课外阅读时，可从经典国学、中外名著、绘本、古诗词等入手，细心引导孩子往正确、有效的阅读道路上走，切忌任由学生盲目选择阅读材料，造成"大海捞针"的反作用。

接着，罗老师结合《义务教育语文课程标准》，从低、中、高年级不同的标准，理清了老师们在课堂阅读教学中应该侧重的方向以及具体的实施方法，为西坑小学全体语文教师扫除了阅读教学的障碍。

感谢罗莎老师毫无保留的分享。罗老师观点明确，引证有理有据，方法可操作性强，表达深入浅出，让在场的老师们受益匪浅。老师们纷纷表示，要把罗老师推广的成功经验与自己日后的教学实践结合起来，争取早日找到最适合自己与学生的阅读交流方式，从而提高阅读教学水平。

桂林山水甲天下　手机微课漓江行

——广西师大基础教育名师深蓝工程培训录

陈晓玲

广西师范大学教育部邀请函

深圳市龙岗区平湖外国语学校丁清尚老师：

鉴于您在您的学科领域既有的专业实践与研究成果，现邀请您于2017年4月26日到我学部为广西基础教育名师深蓝工程学员做专题讲座《微课题研究——打开教师研究的节点》。

联系人：×××

广西师范大学教育学部

2017年4月11日

烟雨漓江，四季如画。2017年4月26日，应广西师范大学教育学部的邀请，中国教育学会高质量学习微课程研究中心副主任，深圳市名师工作室、微课程工作室主持人，深圳市平湖外国语学校教务处丁清尚主任如期来到广西师大教育学部，与广西基础教育名师深蓝工程中的99位中小学名师就《微课题研究——打开教师研究的节点》这一主题进行了面对面的交流和对话。

本次培训活动，丁老师主要通过课题研究的现状、程序、立项、结题，校本研修与课题的关系，从课题成果的固化，课题成果的再开发，特别是互联网+教育的视角，对手机微课制作和学科的融合，手机微课嵌入课题研究等方面进行了全新的解读和深入分析，既有发人深省、启迪智慧的理论高度，也有互动讨论、体验名师风采的现场实践。

　　培训短暂，让我感受最深的是国家对基础教育前所未有的重视态度。国务院颁布的《国家中长期教育改革和发展规划纲要》，对新时期推动教育事业科学发展进行了战略部署，描绘了未来教育改革发展的蓝图，为未来十年教育改革发展指明了方向，突显了国家对教育的高度重视。我深深地感受到自己身上背负的压力和使命，国家对我们进行大力培养，是为了让我们通过专家引领和自主研修，达到自我成长的目的，并能学以致用，成为教育教学改革和发展的开拓者，成为教师发展的引领者，成为科研的示范者。

　　广西贺州高中朱秋清老师说："丁老师对基础教育与信息技术融合的前沿引领，让人耳目一新、心生敬仰，让我经历了一次思想的洗礼，享受了一顿丰盛的精神大餐。他的讲座为当前的教研指明了方向，如何将课题做大做强，教师如何进行专业成长，如何做校本研修，如何做有价值的手机微课，手机微课的设计和制作技巧有哪些，如何实现课题的课程化，课题二次开发如何进行，如何实现课题研究的最大价值，作为名师团队的领航人可以给成员什么等等，都和课堂教学、教师的专业成长有紧密联系，针对性、操作性很强，很有实用价值。"

　　"今天上午给大家上课的年轻小伙子，很努力，年纪轻轻就取得了课程研究上的大成就。"广西师范大学副校长孙杰远教授说的虽是鼓励丁老师的话语，却带给了我继续前进的信心和力量。鼓励我带着收获、带着感悟、带着信念、带着满腔热情，在今后的教育教学研究中，继续学习教育教学理论知识，不断反思自己的教育教学研究，更新自己的教育理念，积极转变教育观念，争做一名合格的导师。

手机微课程在春城萌芽了

——云南省昆明市宜良县培训录

陈晓玲

一份红头文件，从千里之外发来。丁清尚名师工作室成员刘侃清老师，受邀前往云南开展培训。

全国中小学教师继续教育网

——关于邀请刘侃清老师参加宜良县（2017年）新教师岗位技能培训的函

深圳市信德学校：

为提高宜良县2017年新入职教师的综合素质，提升新教师培训实效，全国中小学教师继续教育网与宜良县教育局定于2017年10月13—18日举办宜良县新教师培训班。

为做好该项工作，兹邀请贵单位刘侃青老师于2017年10月15—16日赴云南省昆明市宜良县开展讲座活动，请帮忙予以协调！

谢谢！

全国中小学教师继续教育网

2017年10月10日

传说中的台风与暴雨似乎被手机微课程的热度所驱散，培训当天阳光明媚，培训老师饱含热情。

本次接受培训的都是年轻老师，他们对微课程知之甚少。为此，刘老师精心准备了四项培训内容。

什么是手机微课程，老师们听得津津有味；怎样做手机微课程，老师们积极投入其中。

课间休息时，老师们也不甘示弱，不停地将自己做的手机微课程分享到群里，微信群滴滴滴响个不停，皆因微课一直在提交。

短暂的两个多小时，老师们就能做出属于自己的手机微课程，在群里面自信地提交出来。

不为别的，只希望将自己的第一个作品分享出来，因为刘老师说当今社会分享才是王道，分享后还有意想不到的小奖品——深圳特产。

培训时间虽然只有短短三小时，但是在场老师们的收获却是非常大的，不信你看看，这是老师们真实感受：

"手机微课程的种子伴随着丁清尚名师工作室的东风，来到了昆明宜良，播撒在120多名年轻老师的心里，并在慢慢地萌芽，相信不久的将来，手机微课程之花会因老师们的悉心培养，在各所学校里绽放，为春城的教育界增添不一样的色彩。"

手机微课　边境开花

——云南省临沧市镇康县教师继续教育线下集中培训录

蔡伟奇

2018年5月29日，"绿树村边合，青山郭外斜"，应全国中小学教师继续教育网的邀请，丁清尚名师工作室蔡伟奇老师前往云南省临沧市镇康县，对该县80多位教师开展《如何制作微课》专题培训讲座。

蔡老师首先介绍乐秀编辑器的作用与应用的意义；其次针对编辑器的每个功能，从录制过程到编辑剪辑，主题字幕的应用，滚动字幕的演示，配乐配音的编辑进行了详细地讲解，在互动练习交流中，老师们基本上都掌握了这一门技能。

有老师乐开了花：当我成功完成了太阳花的微视频时，我真的乐开花了，特别开心！我们可以想象，这位老师也必将让她的学生乐开了花！

有老师体会到：通过今天的微课学习，我改变了以往的很多教学观念，教师不应该局限于课本和传统的教学方式。手机作为基本的通信工具，同样可以被运用到我们的课堂教学中来。

陈老师说：微课不但可以让知识更直观简单，也可以图文并茂地将知识点展示出来，使学生更容易接受。

这次来到与缅甸毗邻的云南省临沧市镇康县讲课，我感受到扎根祖国边远地区的老师们的学习热潮与热情，也看到了手机微课制作这门技能作为一种教学手段，如果能更好地利用，对教学将会有更大帮助。假设，在现代化教学设施配置尚未十分完善的边远地区学校，老师利用手机和手机微课制作，把教学活动的内容生动形象地展现给学生，那么，学生也会在学习中乐开了花。

我们有理由相信，只要老师们用心设计，体会开发课程的乐趣，他们一定会编辑出一个又一个精彩纷呈的微课，也能让边远地区的孩子们更加快乐地学习。

齐鲁好风景

——丁清尚为山东省的骨干教师做微课程培训录

陈晓玲

10月25—26日，应中国教育报刊社培训中心的邀请，我（丁清尚）跟随微课程创始人李玉平老师、微课程技术专家李龙老师在山东济南为山东省的教科研骨干老师进行了为期2天的主题为"微课程技术与校本课程开发"的专题培训。

本次培训围绕PPT制作、录屏技术、录像技巧、微课程评价等方面的微课程进行系列的开发实践。此次微课程培训更多地倾向于学员自己动手，这也让培训脱离了沉闷的教学，让整个课堂沉浸在学员自己动手制作的欢乐之中。

培训一开始，李玉平老师就用微课程引入，没有解说的声音，在优美的轻音乐中，静静地阅读文字，欣赏画面，其内容直接指向具体问题，关注"小现象，小故事，小策略"的主题突出，一课一事，层层剖析，有深度，有思考，很能启发老师们的思维。微课程从问题入手，有针对性地高效解决问题，不泛化，不拖沓。在素质教育的条件下，尤其有利于提高课堂教和学的效率，充分发挥教学资源的作用。

我在这两天里主讲了《微课程制作之PPT技术》和《微课程制作之脚本编辑》，理论联系实际地从什么是微课程、微课程的作用、微课程的分类、微课程的制作、微课程的脚本设计等方面深入浅出地阐述了微课程，真正向他们展示了微课程"微而精，小而奇，内容少，蕴意深，从小处入手，解决一个问题"的独特魅力。

李龙老师则更多地从录屏技术层面给老师们引导和讲解，他一边演示录屏技术，一边让学员操作录屏软件，修改自己的作品，在场的老师们很快就掌握了这门技术。

通过两天的培训和交流，我切身感受到培训要活泼有趣、互动性强，要将团队文化、趣味游戏嵌入到活动中；让学员实实在在地被培训，在具体深入、场面很嗨的同时，又特别能引发培训者的思考，使每一位参训人员学到应有的技术，满载而归。同时，这让我对微课程研发的基本路径有了更为明确的认识：立足现实—寻找问题（真问题）—内在分析（原因分析）—解决方式（确定策略）—理念支撑（价值提炼）—形成脚本—视频制作。

教师从解决问题的过程去追问和思考，去发现和生成，去研究和变革，将自己从教育教学的执行者变成为课程的研究者和开发者，在可为的、有趣的，甚至简单的研究当中享受教育的乐趣和成长，在享受当中不知不觉地改变自己的行动方式，这就是微课程研发的最大作用。

我们在今后的教育教学中，要多动脑，多制作一些有效的微课程集，引导学生在思索中寻找解决问题的方法，在问题解决后能力得到提升。

7

第七章

荣誉与反思

分享荣誉，是一种自我肯定，也是一种激励；加强反思，则是为了走向更好的未来。荣誉，代表着过去的收获；反思，意味着对未来的校正。丁清尚工作室及其成员要想走得更远，必须总结过去、立足现在、面向未来。

成果与荣誉

工作室是一个大舞台，也是一个大的发展基地。教师的专业成长与深入思考、实施，与经验梳理、互相帮助都是密不可分的，而这些是我们成长路上的宝贵财富。在丁清尚名师工作室这个成长基地，工作室的老师们和一群志同道合的人一起向实现教育梦想的终极目标奔跑，为自我的成长和飞越奠定了基础。

在工作室主持人丁清尚老师和工作室成员的共同推进下，优秀的培训师们把微课的种子撒满龙岗教育大地，使数以万计的教师、学生受益！微课程开发之花开得灿烂，教师专业成长之路走得踏实，微课教育事业将迈上新的台阶！

工作室成立以来，取得了不少成果，也获得了不少荣誉。不管是团队还是个人，都获得了成果和荣誉。工作室成员热爱这些成果和荣誉，因为这是工作室努力的见证，也是社会和教育部门对工作室的肯定；但是成员们并不沉溺于这些成果和荣誉，正如前文说过的，荣誉和成果，只能代表过去，工作室着眼的永远都是未来。

记录成果，展示荣誉，是为了让大家记住，工作室和工作室成员曾经努力过，工作室和工作室成员得到了肯定与认可。

成果和荣誉，是对过去的总结，更是未来的起点。

让我们一起看看工作室和工作室成员都获得了哪些成果和荣誉吧。

团队成员成果与荣誉

工作室成立以来，诸多成员都取得了进步，特别是在微课这一领域，获得了诸多的成果与荣誉。

2018年7月10日，龙岗区第三届手机微课程大赛获奖名单揭晓。本次比赛由龙岗区教师进修学校主办，共收到作品3805集，邀请了龙岗区名师工作室主持人，学科带头人，MOOC专家，信息技术专家对作品进行评审，根据学科及学段的差异以及评选标准设置了一、二、三等奖，获奖人数高达702人次。

丁清尚名师工作室作品质量高、数量多，共21人次、113集作品获奖，这一比例非常高。丁清尚、冯林毅、姚依涵、孟剑玲、陈翠萍、刘左匡等人共48集作品获得一等奖；程尚远、陈琳、李佳敏、胡淑娜、曹海涛、袁红娟、邓丽婷等人共43集作品获得二等奖；邓丽婷、罗莎、邓春贤、黄德兴等人共20集作品获得三等奖。获奖的背后是整个课程团队的发展，是工作室所有成员的进步，也蕴含着每一位教师深深的思考。

下面是丁清尚工作室成员获奖名录的一部分。

序号	单位	姓名	分类	专题	集数	获奖
1	龙岗区清林小学	丁清尚	小学语文	口语交际	5	一等奖
2	龙岗区清林小学	丁清尚	班主任管理	安全教育	6	一等奖
3	龙岗区清林小学	冯林毅	班主任管理	班级文化	5	一等奖
4	龙岗区清林小学	冯林毅	小学语文	易混词语小讲堂	5	一等奖
5	龙岗区育贤小学	姚依涵	小学数学	数学好玩	5	一等奖
6	龙岗区育贤小学	姚依涵	小学数学	隐藏在表格中的数学	5	一等奖
7	龙岗区平湖外国语学校	孟剑玲	小学语文	汉语拼音	8	一等奖
8	龙岗区平湖外国语学校	陈翠萍	小学语文	整本书阅读	6	一等奖
9	深圳中学龙岗小学	刘佐匡	小学数学	挑战大脑思维训练	5	一等奖

序号	单位	姓名	分类	专题	集数	获奖
10	龙岗区育贤小学	程尚远	小学语文	复述文章有方法	5	二等奖
11	龙岗区育贤小学	程尚远	小学语文	写字先读帖	5	二等奖
12	龙岗区育贤小学	陈琳	小学数学	比例	5	二等奖
13	龙岗区清林小学	李佳敏	小学数学	图形的面积	5	二等奖
14	龙岗区平湖信德学校	胡淑娜	中学生物	显微镜操作易错点	5	二等奖
15	龙岗区南湾街道下李朗小学	曹海涛	美术	教学简笔画	6	二等奖
16	龙岗区南湾街道下李朗小学	袁红娟	小学数学	常见的量	7	二等奖
17	龙岗区扬美实验学校	邓丽婷	中学物理	透镜	5	二等奖
18	龙岗区扬美实验学校	邓丽婷	美术	简笔画	5	三等奖
19	龙岗区龙城小学	罗莎	小学语文	轻松预习之旅	5	三等奖
20	龙岗区南湾沙塘布学校	邓春贤	小学数学	简便运算	5	三等奖
21	龙岗区育贤小学	黄德兴	小学语文	非暴力沟通	5	三等奖

通过上述成果与荣誉展示，我们可以看到丁清尚工作室在微课教学方面所拥有的极大优势。正如丁清尚老师所言：一个人可以走得很快，一群人可以走得很远，幸福的是和一群志同道合的人走在实现理想的路上。

早在工作室成立之初，主持人丁清尚老师就带着所有成员一起攻坚微课制作技术，一次次学习，一步步指导，以微课为特色的工作室中诞生了很多优秀的微课培训师，拥有在龙岗区教师进修学校通过认定的培训课程。老师们通过锤炼，个人成长迈上了一个新的台阶。

　　此次比赛之前，工作室优秀培训师们轮番上阵，从技术到技巧，为全龙岗区的老师们提供培训，为本次大赛优秀作品的诞生贡献了一分力量。

　　然而，一枝独秀不是春，百花齐放春满园。丁清尚工作室成员，不仅凭借自身实力获得成果和荣誉，更是通过培训的方式，让其余老师也领略微课的魅力，提升微课教学技巧，让大家共同取得进步。

　　下面是2018年丁清尚工作室成员为龙岗区微课培训所做的努力。

　　3月7日，工作室主持人丁清尚老师在清林小学主讲《班主任成长课程开发》的专题讲座，旨在建立一支班主任课程开发团队，让骨干班主任管理班级的经验得以系统化、规范化，开发出一系列的课程，让年轻的班主任有经验可循，以取得更快的成长。

　　3月16日，成员刘侃清老师为清林小学全校教师进行《手机微课程开发与运用》的培训，带着老师们解读参赛文件，突破手机制作微课技术大关。

　　3月20日，清林小学班主任成长课程开发研讨会（第二期）精彩呈现，经过丁清尚老师的指导和梳理，骨干班主任们梳理出了属于自己的课程开发方向。

　　3月20日，刘侃清老师在平湖信德学校为新教师培训，主题为"十项全能之信息化教学之翼——微课程"。侃清老师一支招，招招简单又实用，晋级版的微课更有吸引力。

　　3月21日，李伍兵老师在扬美实验学校为龙岗区2016、2017届新教师进行通识专业技能培训，主题"信息化助力教学之手机微课制作"。手机微课简单、好用、易操作，新教师更要钻研。

　　3月25日，陈琳老师在清林小学进行《手机微课程的案例分析与评价》的培训，从入门级的微课制作到关注细节的微课晋级，有了方法的指导变得更加轻松、简单了。

　　4月3日，邓春贤赴可园学校开展《玩转手机微课程》的培训，详细解读第三届手机微课大赛，认真指导老师们制作微课技术。

　　4月3日，曹海涛赴深圳中学龙岗小学进行"手机微课"专题培训，带着老师们学习制作手机微课，引导大家在日常的教学中运用微课。

　　4月3日，罗莎老师在龙城小学为2016、2017届新教师进行"信息化教学之翼——微课程、云班课"的培训，对手机微课的特点、制作、设计、应用进行了细致的指导。

4月11、16日，程尚远老师在育贤小学为2016、2017届新教师进行"信息化教学之翼——微课程、云班课"的培训，从手机微课程的作用与构成、制作与技术、呈现与提升几大板块进行了指导。

4月17日，罗莎老师在清林小学开展了《手机微课大赛一等奖获奖秘籍》的培训。从问题导入、声音处理、选题秘诀到微课制作技巧等方面详细而具体地进行指导，把工作室的辐射作用再次放大。

获奖及课程培训

丁清尚微课作品

程尚远微课作品

蔡培鑫微课作品

罗莎微课作品

胡淑娜微课作品

曹海涛微课作品

李伍兵微课作品

刘侃青微课作品

➡ 微课程杂志

2013年12月，岁末，这是一个值得铭记的时刻！因为，在工作室成员的共同努力下，第一期《微课程》杂志火爆面世！

《微课程》杂志作为一本专业讲述微课程的杂志，是教师学习微课教学知识和技巧的一个重要平台。这本杂志得到了丁清尚在微课上的领路人李玉平老师的大力支持。

《微课程》杂志的制作，给微课程的发展和创新提供了一个新的平台，这是丁清尚也是所有工作室成员共同努力的成果，更不离开李玉平老师以及龙岗区教委以及诸多教师的帮助与支持。

微课程工作室

➡ 丁清尚微课程工作室获授课证书

2015年7月2日下午，龙岗区教师进修学校召开中小学培训课程会议，为全区兼职培训师颁发授课证书，并组织开展新开发的教师培训课程试讲活动，丁清尚微课程工作室主持人参加了此次盛典。

何兰副校长在会议上总结了龙岗区教师进修学校"带队伍"和"建课程"两项重点工作取得的喜人成果。她指出，随着"微学习"时代的到来，"微课程"的开发将成为龙岗区教师进修学校接下来的工作重点。她呼吁全区兼职培训师将自己的优秀教育教学经验开发成"微课程"分享给教育同行，号召大家加入龙岗区远程培训课程指导教师队伍，在指导远程学习的过程中积累经验，收集资料，不断丰富完善自己的培训课程。

其中，丁清尚微课程工作室开发的微课程制作之视频拍摄技术、微课程制作之PPT技术、微课程脚本编写与制作、微课程制作之视频编辑技术等微课程系列课程，深受一线教师的欢迎和认可，效果良好。

据悉，丁清尚微课程工作室依托龙岗区教师进修学校，通过对教师、骨干教师以及工作室成员进行专业和系列的微课程培训，帮助教育教学骨干转化优秀教育教学经验，开发教师培训课程，承担教师培训任务，并通过不断打磨、整合专兼职教师培训师自主开发的教师培训课程，打造一支优秀的兼职教师培训师队伍，构建符合一线教师学习需求的教师培训课程体系。

丁清尚微课程工作室获授课证书

丁清尚微课程工作室获得授课证书，是对工作室成绩和努力的肯定，更重要的是，工作室从此就可以给更多的教师授课，这也给工作室的发展压上了沉甸甸的担子。

获授课证书

成果和荣誉，将促使丁清尚工作室及其成员更加努力前行！

反 思

对于工作室成员来说，学习是一种成长。每一位工作室成员，在成长的过程中，都有自己的心得，这是对于学习的反思，更是对于成长的感悟。

教师的专业化成长，离不开反思。孔子曰：吾日三省吾身。工作室成员的反思，是工作室变得更加优秀和卓越的原因之一。

成长，让生命精彩；反思，让教育更有厚度和深度。工作室成立以来，每一位工作室成员是如何思考自己的学习与成长轨迹的呢？我们或许可以从他们的成长心得中，窥见一丝痕迹。

成长，是追求。当工作室成员逐渐成长，并且能够独当一面，开始通过培训方式展示微课魅力的时候，也是工作室逐步开始收获美好的时节。

让我们一起来看看这些工作室成员的成长心得，或许，从中可以捕捉到他们成长的一些痕迹和美好。

紧随名师步伐 成就分享人生

陈翠萍

2017年3月29日，在龙岗电大的教室里，我和40多位一线教师一起分享微课程。这对于我而言意义非常，不仅仅是锻炼，更是提升，我可以站在另一个角度思考教学，站在另一个高度审视表达，同时也对微课推广的信念更加坚定。

在这里，我要感谢我的导师——丁清尚老师，是他一点点渗透思想，让我接触微课；是他耐心指导技术，让我学会微课；是他有方向的指引，让我爱上微课；是他的指导鼓励，让我在微课的路上越走越远。

最开始接到这个培训任务的时候，我的内心是忐忑的，感觉自己资历尚浅、没有什么像样的作品，加上是给老师培训，因此很紧张。但是丁主任耐心地指导我，从整体思路到文字细节、从微课前景到后期发展、从文字字体到图片精选，导师给了我太多的鼓励和帮助。登上电大的讲台后，我竟然可以从容地表达，大方地把自己不成熟的作品展示给大家，谈一谈自己的思考和制作心得。我相信，我定会做得更好！追随着巨人的脚步，我要做一个坚定的微课运用者和推广者，让更多的人使用微课，让我们大家都享受到资源共享的快乐。

今天的培训整体上是成功的，但是还有很多细节有待提高。

一、课件制作可以再多添加实操环节的页面显示

很多老师对小影还是陌生的，操作的过程中会找不到相应的页面，因为不能对每位老师都进行面对面指导，那么我就要在课件上呈现给大家在手机上可能出现的页面，这样会更直观，效率更高。

二、下次我要带上随身WiFi，给大家提供方便

因为教室没有WiFi，在实操环节，很多老师没有下载小影软件，甚至没有打开移动网络；甚至有人是到了培训后面环节，感觉挺有意思的才下载软件，但这样就很难跟上进度。我们知道，第一次接触的新事物，如果头一次没有弄明白怎样操作，那么后面研究成功的可能性就会很小，培训效果也会大打折扣。

三、把资源介绍的环节提前，让课堂结构更合理

如果大家在最开始就享受到分享的乐趣，就可以更大地激发后面参与和研究的热情。

接地气、重实践——进修学校培训后记

程尚远

2017年3月23日，我再一次登上进修学校的讲台，这次讲授的课程与以往的微课程稍有不同，主要是聚焦在学生这一大板块。因为与老师们的教学联系比较紧密，所以我的预设也比较充分。

在开课以前我做了简单调查，发现前来听课的老师中仅有1/5熟悉微课程，感觉大部分老师对微课程还是比较陌生。我决定调整预设方案，先向老师们简要地介绍了一下微课程，同时也向他们普及了一下各种类型的微课程。

在接下来的授课过程中，我让老师们反观自己的教育教学，尽可能从自己的工作中寻找到微课程制作的一手素材，同时用手机记录下自己的教学瞬间。在场老师们的积极性都非常高。接下来我和老师们同步用编辑软件——小影对自己录制的微课进行后期处理：利用小影软件加片头、片尾、字幕等。十几分钟后，一个简短、有趣、奇妙的微课在老师们手中产生了。

看着老师们露出幸福的表情时，我内心也产生很多的思考：培训课堂不一定要有学员们人头攒动、激烈的讨论，或是有授课老师激情演讲的效果才是成功的，只要学员有参与、有实践、有收获，就一定是成功的。

在春天里奔跑

孟剑玲

在这个美丽的春天里，我有幸加入了丁清尚名师工作室。在这个大家庭里，我们有一个有想法、有能力、勇实践的领头人。我也多了一群朝气蓬勃、勇于创新的同事。在春光明媚的日子里，我们徜徉在手机微课的新天地里，跟着丁老师向着希望一路奔跑。

经过丁老师的多次培训，我提升了对微课程的进一步认识，认识到微课是以阐释某一知识点为目标，以短小精悍的在线视频为表现形式，以学习或教学应用为目的的在线教学视频。它主要表现在短小精悍，"短"是指视频长度短；"小"是指主题小；"精"是指设计、制作、讲解精良；"悍"是指学习效果震撼，令人难忘。

通过学习制作微课，不仅可以提升我们的信息技术应用水平，更重要的这也是教师专业成长和经验积累的一个过程。做微课程，其实是一个反思的过程，在不断的反思中能促使我们不断地成长。

加入工作室时间虽短，但感悟颇深，不是点滴笔墨所能尽述的。前几天看到的一句话我很喜欢：我是运动员，我喜欢奔跑。以此激励自己一如既往地走下去。

如沐春风，扬帆起航

赖康梅

2017年3月3日，美丽的阳春三月，时光如泉水静静流动。平湖外国语学校开学第三周，迎来丁清尚工作室揭牌活动。校园里洋溢着一股暖流与喜悦，这是我来到平外的第二年，非常荣幸可以成为丁清尚主任工作室的一员参加此次活动。

作为一名年轻教师，我初出茅庐，缺乏经验。加入手机微课程名师工作室，仿佛在黑暗中点亮了明灯。王国维说，读书有三种境界：第一种境界是"衣带渐宽终不悔，为伊消得人憔悴"，第二种境界是"独上高楼，望断天涯路"，第三种境界是"众里寻他千百度，蓦然回首，那人却在灯火阑珊处"。作为一位教师，只有"独上高楼"后，才能高瞻远瞩地驾驭教材、驾驭课堂。而要想做到"独上高楼"，要想"望断天涯路"，就必须广泛地吸收现代教育理念，汲取先进的教育思想。

丁清尚名师工作室，以先进的微课程理念和技术，踏实的作风，十足的干劲，带领龙岗区的教师学习并推广手机微课程。让我们工作室一起沐着春风，扬帆起航，走进微课程的世界，越走越开阔。

与时俱进，不断创新

丁　芳

三月的鲜花，芬芳艳丽；三月的清风，温暖适宜；三月的教师，充满活力；三月的校园，洋溢朝气。在这美好的三月，我们怀着兴奋，拥着期盼，带着崇敬，于3月3日相聚在平湖外国语学校，作为成员，我有幸参加了丁清尚名师工作室揭牌暨启动仪式。

在信息不断更新的时代，作为教师，我们要如何应对日新月异的技术，除了学习外，还要与时俱进，不断利用信息技术改变课堂。

信息时代，技术扑面而来，当云计算、大数据、慕课、翻转课堂等来临的时候，作为一线教师，我们应该从信息技术的变化中获得有价值的信息，并使其为教学所用，从而使我们的教学更加开放，使课程更适合学生的发展；这样的变化也使学习更富个性化，这样的学习也使教学资源更加丰富，使学习更加开放；这样的变化也使我们能思考自己的教学该如何创新、如何有效。

丁清尚主任的名师工作室带给了我启示：作为教师，我们要以信息化引领教育理念和教育模式的创新，以信息化带动教育现代化，促进教育的创新与变革，不断提升学生的学习能力，在不断的自我改进中赢得未来。我们应该勇于探索，敢于实践，与时俱进，这样才能够在课堂上收获不一样的精彩，才会在实践中提升自我的教育智慧，不断行走在信息技术变革的大道上。

微课的制作与推广是大势所趋，丁主任顺势而发，积极建设工作室，详细地跟大家分享了工作室的研修计划，促使每个成员也进行了初步的交流探讨，让在座的每一位都坚信工作室的开展会如火如荼。

遇　见

柳娟娟

我们每天都在遇见不同的人、不同的心情、不同的事物……遇见，仿佛是一种神奇的安排，它是一切的开始。

今天，我遇见了平湖外国语学校，遇见了一群胸怀教育理想的老师，遇见了名师。这真是一份奇妙的缘分，一次美丽的遇见。今天，我还遇见了我教学生涯的另一扇大门——名师工作室的大门。今天，我在这儿将它叩响。

上午，我怀着激动的心情走进了平湖外国语学校，见到了慕名已久的名师——丁清尚老师。特别感谢各级领导为我们搭建了这样一个成长的平台，给我们创造了这样一个学习、锻炼、提升的空间。也特别感谢我们农凌校长的推荐以及丁老师的收留，若非他们的帮助，我也不会这么顺利地加入名师工作室这样一个团队。

整个上午，我们的行程安排得满满的，但收获也是颇丰的：龙岗区高中语文教研员曹清福老师的作文讲评课没有过多花哨的东西，朴实而实用、有效，令我佩服；名师工作室主持人的工作规划，让我看到了未来；揭牌仪式简单而又不失隆重，激荡起我心中的阵阵涟漪；短暂的工作室成员见面会，让我倍感亲切。

其实，看到这么棒的团队，这么强的队员，我的内心是很忐忑的，因为我对手机微课还很陌生，我的起步比别人晚很多，动手能力或许也比别人弱很多，这是我的不足。但是，我不怕！我相信，在名师的指导下，在队员的帮助下，我会慢慢成长起来。我要做的就是比别人付出更多的努力。今后我会虚心学习，大胆实践，及时总结，不断反思，不断提升自我，超越自我。

我希望，在这里，能遇见另一个更好的自己。

学习，是一种进步

曾 羚

3月3日，星期五，筹备已久的工作室启动暨揭牌仪式终于在平湖外国语学校举行，我正式成为了丁清尚名师工作室的一员。

听完各位领导和专家们的致辞，我充分地感受到大家对未来的教育事业充满了信心和期待。我印象最深刻的是雷斌主任，他用幽默有趣的形式给我们上了一节如何手机制作微课的课，大家都听得津津有味。在没上课前我没有尝试过制作微课，对微课的理解也比较模糊，只知道它是现在新兴的短篇教育类视频，印象也停留在用PPT制作和录制上，但后来才知道现在已经发展到只需要一张纸、一支笔、一个手机，就能随时随地完成一节微课的制作，非常方便。我觉得这种形式很好，可以将灵感随时记录下来。

会后大家前往工作室。在这次见面会上我也认识了很多新老师：不仅有多年教育教学经验的前辈们，也有和我一样刚步入教育领域的同伴们；不仅有传统的语数英老师，也有音体美老师，还有位校医也在其中。大家在会议室里谈笑风生，其乐融融，对未来工作室的发展充满期待。我希望自己在今后的工作中可以有所进步，有所发展，向前辈们看齐。

与微课一起成长

胡淑娜

3月3日，在这一个特殊的日子里，在平湖外国语学校开展了一个筹备已久的活动，这是一场盛宴。很荣幸有机会参与此次工作室揭牌仪式，并作为成员代表发言。这一路的成长，都离不开雷斌主任和丁清尚主任的指导与帮助。

在会议中，有张伟校长的致辞与对工作室的期盼，有丁老师和陈老师激昂谈工作室的规划，以及对工作室发展的寄语，还有雷斌主任幽默讲解微课制作的绝招。在这次会议中，我着实体会到微课即将带来的不仅是教师教学的改变，更是学生学习的改变。微课作为知识传播的新形式，给我们带来了新技能，我相信在不远的将来，微课必将成为教育教学的主导。听完雷主任的讲座，我对微课制作豁然开朗，原来要制作一节完美的微课只需要三步：简单、好看、易懂。但这三步，需要的是老师们的精心准备，目的是只为学生带来更好的学习体验。而这三步，也将是我要努力的方向，任重而道远。如何把微课做精、做深、做专、这是我还要不断努力的方向。

我将会脚踏实地、积极学习，努力开创精品微课。愿与团队中的每一个成员一起成长，愿工作室能再创佳绩，越来越好。

第一次微课

黄雅妍

作为一个从事教学工作不久的新人，很高兴可以进入这样一个优秀的团队学习。其实微课制作对我来说十分新奇，这是一个我很少接触的领域。对于一个"科技白痴"来说，之所以进入这样一个充满技术含量的高大上的组织，很关键的是丁老师对我的鼓舞。

当我第一次把粗糙的作品发给丁老师看时，他鼓励了我，并给我提出十分有针对性的建议，让我受益匪浅又醍醐灌顶。或许是那个时候才更有了对微课的信心和热爱，希望以后能在这个大家庭里学习更多！

随名师步伐·促个人发展

刘侃清

思绪似乎还在挣扎着是否要参加名师工作室，转眼间，伴随着春日的暖阳，3月3日迎来了丁清尚名师工作室的揭牌活动。整整4个小时，满满的干货，让我非常庆幸能成为名师工作室的一位成员，能在工作室的团队中提升自我。

2013年第一次接触微课，因为任务，因为比赛，制作出了第一个微课作品。几年间，因为兴趣，小打小闹地陆续制作出了几个不同题材的微课。由于缺乏指导，在微课的道路上似乎已停滞不前。庆幸今天我加入了工作室，在今天精心安排的活动中，我找到了前进的方向。

"沉淀教育的积累，梳理教育的方向，形成自己的风格。"张伟校长的致辞，发人深思。作为信息技术老师，我常常因为一波接一波的事情，忙得晕头转向，似乎已经失去了思考的时间，迷失了方向。加入工作室后，或许会更加的忙碌，但作为老师，我认为应该像张校长所说的，进行梳理与沉淀，在梳理过程中找到提高工作效率的方法，发现学科教育的规律，在沉淀的过程中不断积累，达到量变到质变的飞跃。最后形成自己的独特风格，做学生一直喜欢的老师。

"不待扬鞭自奋蹄"，丁清尚主任的发言，奠定基调。加入名师工作室，是我们学习的一个新起点，作为年轻教师，我们更需要主动、积极、勤奋。常言道，勤能补拙，勤奋能使个人进步，在工作室团队中，在丁清尚主任的带领下，勤奋的我们有领头羊，我想这比个人的勤奋能走得更宽、更远。

"简单、好看、易懂"，雷斌主任的讲座生动形象。手机微课与普通的微课有什么区别，怎么做一个好的微课程？听完雷斌主任的讲座，我心里豁然开朗。似乎微课课程的开发没有想象的那么难，似乎任何学科的老师都能将这件事做好，因此对有一定基础的自己也充满了信心。

最后，希望乘着互联网+的东风，自己能紧随名师的步伐，快速地成长。

微课与梦想

程尚远

工作室的启动对于我们来讲是很好的际遇。雷斌老师对微课程技术的要求"简单、好看、易懂"貌似不值一提，实际上蕴含着大道至简的精髓；曹清富老师简约的课堂呈现，让我们看到了育人的大雪无痕。他们的专业引领让我们前进的方向更明确。张伟校长殷殷的期盼、丁清尚主任的简要规划无不透露着智者的才情！名师们的言传身教，为我们的学习带来更广阔的空间，也让我们更明白静下心来做教育的价值。

有名师们的专业引领，我们可以怀揣教育梦想，尽情地开展更接地气的教育实践。我相信，只要我们坚持阅读提升中学习、持续专业学习中思考、撸起袖子加油干，我们的梦想一定会实现！

"雷"声吼，手机微课起

任巧玲

2017年3月3日，丁清尚名师工作室正式开张了，作为成员的我，欣喜万分。雷斌老师更是给我们带来了丰厚的大礼——讲座：手机微课程的开发与应用。

在雷老师讲座之前，我有很大的疑问，作为初中数学这一学科，没有PPT如何录像呢？没有精美的PPT，怎能入学生和评委的眼球呢？雷老师很好地诠释了这个问题。PPT做微课，费时费力，且不生动。好的微课，应服务于学生，简单好看易懂就行，而手机微课程正好可以满足这三点。

所谓简单，就是所用工具和场景简单，一块黑板，一个手机，一个手机三脚架，就可以制作了；抑或一个手机支架，一张纸，就能解决所有的问题。

所谓好看，一是手机做微课可以边讲边画边写，形象直观；二是语言平常化；三是故事化；四是有表情包、人物包。

总之，手机微课的目的不是你讲了，而是别人会了。你了解手机微课了吗？动手试一试吧。哦，对了，制作微课，小影帮你忙。

面朝"清尚"，春暖花开

李丽

从今天起，做一个幸福的人。／实践、研究，学习总结。／从今天起，关心码课和码书。／我有一个新家，面朝大海，春暖花开。／从今天起，和每一个成员微信。／告诉他们，我的幸福。

这首"篡改"的小诗最能表达我这两天的心情。烟花三月，名师工作室挂牌成立。美好的季节，美好的事，作为初加入的我，喜悦之情溢于全身。工作室成员在会议室初见相互介绍时就树立了互助成长，体会快乐，感受幸福的研修理念。想到以后可以和这些年轻有朝气的成员一起用心做事，潜心研修，就感到幸福。

这两天我们工作室的微信群里，工作室成员之间传递的都是正能量，分享这两日的收获，体会加入的点滴快乐，上传自己的杰作，大家都乐在其中。我们的工作刚开始，还有许多事情等着我们去做，或许还有诸多未知的困难和问题，但是，这个团队是温暖人心的，能让靠近的人跟随工作室向前的脚步，去探求未知的教育真谛，学做快乐幸福的优秀教师。

"教育是责任，责任让教师的生命充满意义；教育是奋斗，奋斗让教师的生活充满生机；教育是梦想，梦想让教师变得魅力无限。"在教育的征途上，体会快乐，感受幸福，丁清尚名师工作室和千千万万的老师一样，在路上。

心得分享

　　以上这些工作室成员的心得，有反思，有记录，有感慨，有抒情……这些都是真情的流露，也是一种回头看的良好习惯。

　　世界上有什么比进步更让人满足呢？成长，才是世间最美好的事物！

　　工作室的存在与发展，正好为成员提供了一个最好的成长平台。

8

微课程的公益化之路

教育公平，是世界上最大的公平。教育公平，可以促使成长起点的公平。我国教育发展的地域差异化大，一些大城市的教育基础设施和水平已经达到了发达国家水平，但是一些偏远地区学校的教育发展还很落后。为了促进教育公平发展，教育的公益化发展是一条现实途径。丁清尚名师工作室就通过公益化方式，推动优质微课教育教学资源的扩散，帮助一些地区的教师提高微课教学水平。

丁清尚：80后教师的公益之路

陈雪英

在我们身边，总有一群人，他们做着平凡的工作，过着平凡的生活，但总有一颗爱心在不停地跳动，激发他们做公益的热情。在龙岗教育系统内，有一位名叫丁清尚的80后教师，就是其中的一员。

丁清尚

➡ 传承父母的善良

丁清尚出生于广东五华，一个国家级贫困县城，父母务农，从小家里条件艰苦，但只要身边人需要帮助，他的父母总会伸出援手，尽力为他人解决问题。耳濡目染之下，丁清尚延续了父母的暖心善举。

丁清尚大学毕业后，便来到深圳从教，他坚信，只有自己有本事了，才能更好地帮助家乡人民，他从未忘记要为家乡发展出力的理想。作为一名人民教师，丁清尚首先想到的是为家乡的孩子们带去好的教育资源。"送些书给他们吧，他们需要，以我目前的条件可以做到。"丁清尚说，因为从小条件差，童年时期的他基本没有课外读物，如今自己从事教育行业，有了资源，便开始挂念起家乡的孩子来。

让山区孩子享受到阅读的快乐

林石小学是丁清尚的母校，有一次，他得知高中同学李赛凡在该小学做校长，并获悉该校图书紧缺、种类少，而且图书室没有开放，阅览室变成老师开会的地方。

担任语文教师且非常注重阅读的丁清尚看到母校的教育资源如此匮乏，于是开始为家乡学校捐书。他就这样默默地为家乡的孩子做着这一切。慢慢地，他发现个人力量有限，于是开始发动身边的朋友加入。后来，丁清尚成立了丁清尚名师工作室，作为主持人的他开始带着工作室成员做公益，捐赠图书馆、送课、送培训，邀请全国、省、市、区级知名作家进山区学校做讲座、上培训课。他不仅带着团队回到自己的家乡，还前往新疆伊宁市昭苏县等地的山区学校送教育资源。

"我就是想让山区、贫苦地区的孩子跟深圳的孩子一样，享受到阅读带来的快乐。"丁清尚说，这就是他做所有公益的初衷。

做公益帮助他人就是一种快乐

近几年，丁清尚带着工作室成员，联合深圳狮子会振华服务队、邓蝴梅名师工作室、胡红梅名师工作室等机构做了很多公益项目。截至目前，他们共捐了25个"振华图书馆"，2.5万册图书，图书价值达43万元，送出教师手机微课制作培训11场，邀请4位著名儿童文学作家做讲座。

80后教师的公益之路

"我觉得这个公益活动非常有意义，能够看到他人的成长，看到他人的进步。"丁清尚坚信，服务他人，帮助他人，就是一种快乐。所以他希望，有更多的爱心人士能够加入他们的队伍中来，一起为山区的孩子做一些力所能及的事儿。"做公益，我参与；做服务，我快乐。"丁清尚说。

（此文转载自"2017年12月22日的《深圳侨报》慈善周刊"）

赠人玫瑰　手有余香

陈翠萍

让世界更美丽的事

——记丁清尚名师工作室赴广东河源、梅州公益助学行

做一件让世界变得更美丽的事。"小手拉小手，同读一本书"，2018年4月27—28日，丁清尚名师工作室曹海涛、陈翠萍、卢静璇三位老师和深圳狮子会振华服务队、胡红梅名师工作室一起赴广东河源、五华，给山区的孩子送去精彩的讲座和阅读课堂，和老师们交流阅读怎样做，更给他们带去最新的技术——微课。我们相信：通过这样的公益活动，世界将会变得更美丽。

"小手拉小手，同读一本书"

4月27日，第一站，河源龙川松洋小学。走进校园，这里幽静、整洁，听得见虫鸣，闻得到草香，所有的角落都是一尘不染。

但是，当我走进操场，看到孩子们整齐地坐在那里，一个年级一个班，老师们都不年轻，孩子们面色黝黑，眼神渴望，我震惊了：教育大业，任重而道远。

孩子们整齐地坐在那里

在松洋小学，作家、探险家彭绪洛做了精彩的讲座。那一个个充满神奇色彩的探险故事，深深地吸引着所有人。如果在野外碰到了黑熊，你会怎么做呢？逃跑、爬树、装死？

其实，这些方法都是不可行的。那么根据黑熊视力的特点，最好的方法就是：S形曲线跑。另外，还可以把你身上的东西扔给黑熊，为自己逃跑赢得时间。彭绪洛老师的生活精彩，他的书更精彩，这是一个用生命在写作的作家。

孩子们认真听讲

接下来是工作室曹海涛老师为松洋小学所有的老师们带来的一缕科技清风——手机微课的制作与使用。针对这里的实际情况，曹老师修改了自己的讲座计划，以实操为主，降低难度，将理论和实践结合起来。短短的一个多小时，就能够让这些山区的老师们认识微课，并愿意主动使用并制作微课资源。老师们那灿烂的笑容里写满了收获。

　　松洋小学的图书馆，是两年前由狮子会振华队出资捐赠的，而这一次我们又带来了彭绪洛老师的大量新书。狮子会的董浩清狮兄和校领导协商了接下来的图书使用建议和下一步的捐献计划，我们相信：在这些热心的公益人的帮助下，乡村的孩子会有更丰富的精神食粮。

　　晚春时节，路边的果树结了许多绿色的小柚子，非常可爱。但我们满怀心事，一路沉默。

　　4月28日上午，双华镇第一小学迎来了由深圳狮子会振华服务队和丁清尚名师工作室带来的"小手拉小手，同读一本书"公益助学赠书活动。本次活动以深圳狮子会振华服务队刘作华会长向第一小学捐赠图书拉开序幕，会上刘作华会长和第一小学校长分别做了讲话，互赠"振华图书馆"牌匾和锦旗。受资助的学校为了表示感谢，向丁清尚名师工作室赠送锦旗。

向丁清尚名师工作室赠送锦旗

曹海涛老师分别在河东三小、双华镇第一小学给全体老师进行了手机微课培训。培训中曹老师思路严谨、内容丰富、互动活跃，参训老师经过实操训练，每个人都能在现场交出微课作品，为日后的学习运用打下了坚实基础。

曹海涛老师告诉老师们不要屈服于年龄，只有不断学习新知识、接收新技能，才能更好地生活。她把我们聊天联系用的手机变成了可以用来备课的教学工具，一节简单的手机微课制作不仅有趣，还实用，让山村教师确实受益匪浅。

陈翠萍老师在河东三小、东华镇一小，分别上了一节二年级绘本课《谁偷了包子》，并和全体语文老师进行阅读分享。阅读是一项可以让学生终身受益的事，陈老师把自己几年来的思考与实践与各语文老师分享：一本图画书的多种读法。陈老师提出，绘本阅读能让每个年级的学生都学到不同的知识，一年级的学生可以学习识字，二年级的学生可以学习组织语言进行写作，六年级的学生可以创编故事等等。为了实现自己的教学目标，我们可以把哪些绘本作为教学素材？为了和我们的语文课堂相对接，我们可以拓展哪些绘本作为补充？陈老师讲述耐心细致，老师们记录认真。450本经典绘本PPT的全部分享，让乡村老师们学到的阅读方法可操作、可复制。

二年级开始，需要加入桥梁书的阅读，对于整本书阅读的思路，陈老师结合自己的实践经验给各校老师们提供了思路。并动员自己班级的学生把《我想养一只鸭子》全部捐出来，送给五华镇第一小学，52本书足够一个班级共读。愿阅读之光照亮每一间教室！

卢静璇老师，分别给林石小学、南山小学、河东二小送去了一堂精彩的阅读课《一颗超级顽固的牙齿》，读写结合，让孩子们在快乐中轻松学习。课后，卢老师和南山小学全体语文老师进行了阅读交流，将自己对阅读的思考和研究倾囊相授。

短短两天的助学公益很快就结束了，但我们和乡村老师的交流远没有结束，我们的助学公益活动依然会继续。

工作室主持人丁清尚已经走上了公益之路，并且成为深圳狮子会振华服务队副会长，几年来，他的爱心足迹遍布广东、新疆、江西等多个省份的山区乡村学校。

　　现在我们工作室的团队，也慢慢加入到公益的队伍中来。"赠人玫瑰，手有余香"，我们会在公益这条路上，不忘初心，昂首阔步，做出更多的贡献。

赠人玫瑰，手有余香

第五期"微课程设计与开发"公益培训实录

沈 雪

2014年10月20—24日，龙岗区教师进修学校举办的主题为"微课程设计与开发"第五期全国教师公益培训班开班。37位来自山东、沈阳、武汉、江西等地教师培训中心、教师进修学校、中小学幼儿园等的骨干教师和业务负责人齐聚龙岗，参加为期5天的培训学习。

培训现场

据了解，"微课程设计与开发"公益培训班，主要通过小班授课、专家指导、经验交流和实际操作等形式，帮助参训教师掌握微课程的制作方法和技术；公益培训内容不仅包括微课程制作的脚本编写、PPT、录屏、视频编辑以及美化等实用技术，还包括微课程应用、创新构思、点评与改进以及微课程学习体系构建等课程应用技术；授课教师不仅包括平湖外国语学校丁清尚、龙城初中程俊英等龙岗本土"微课程设计与开发"团队成员，还包括李玉平等国内知名"微课程"研究专家。

　　随着智能手机的应用与普及，微学习已经开始飞速发展。微课程以其简短精悍、随时随地等特点，已成为炙手可热的课程教学方法。龙岗区教师进修学校自2010年3月起致力于微课程的研究与开发，截止到目前，已成立4个专业的微课程研究工作室，开发出11门微课程培训课程，培养出8名专业培训师，制作出一千多集的教师微课程和学生微课程。微课程培训团队曾为长沙、武汉、西宁、重庆等十多个地市千余位老师开展微课程设计与开发培训，深受参训教师欢迎。

情系山区，爱心无价

紫色鸢尾

深圳狮子会振华服务队，是一个爱心团队，当得知我们山区学校的桌椅已经是超龄服务的情况后，他们通过各种渠道，想方设法调配到一批桌椅，连夜送到了五华县安流镇福岭小学。

情系山区，爱心无价

振华服务队的"狮兄们"为了赶时间，在下雨的情况下，经过一天的接力和努力，亲自把调配的三百多套桌椅装车，带着浓浓的爱心送到了我们远在五华的偏远山区福岭小学，为我们山区的学子们奉上了珍贵的开学礼物。

收到这么珍贵的礼物，福岭小学的校长和老师们开心得不得了！他们连夜把桌椅卸车，并替换掉了残缺破损的桌椅，为学生们的开学做好准备。学校校长代表福岭村的全体村民和老师们对参与这次捐赠活动的所有爱心人士表示衷心的感谢！感谢深圳狮子会振华服务队和丁清尚名师工作室的全体人员！感谢你们对我们山区教育的大力支持！感谢你们对山区学子的关爱！爱心无价！

唯有教育我们的孩子们懂得感恩、懂得珍惜，好好学习，以后做一个对社会有用的人！

福岭小学通讯员　邓老师

2018年8月19日

替换残缺、破损的桌椅

替换桌椅的教师合影

振华服务队

——召开2018—2019年度第三次例会暨
"庆中秋·迎国庆"茶话会

丁清尚

　　9月15日，深圳狮子会振华服务队2018—2019年度第三次例会暨"庆中秋·迎国庆"茶话会在龙岗区吉华街道华光工业园五楼远见公司会议室召开。振华服务队队长丁清尚、上届队长刘作华、第三副队长张俊昌、前队长董浩清、秘书廖玉梅、财务廖且辉等15人出席会议。广东狮子会服务队（GLT）深圳地区协调员张施俊，领英服务队刘全世、西丽服务队魏德民、春风服务队王明玉列席会议。会议由丁清尚主持，苏耀阳担任大会主席。

2018—2019年度第三次例会暨"庆中秋·迎国庆"茶话会

　　首先，丁清尚总结了今年暑假期间，振华服务队的狮友们发扬"四出"狮子精神，齐心协力为五华县和龙川县山区捐赠了三批深圳学校假期退换下来的八成新课桌椅，共1130套，价值22.6万元；廖玉梅捐赠给林石小学的36台风扇，价值5400元。向山区捐赠的这些物资使得学校秋季顺利开学，作为五华人，他再次感谢狮友们为家乡孩子们的无私奉献和辛苦付出。随后，丁老师向大家汇报了振华服务队将于12月6—9日在韶关南雄市开展"小手拉小手，同读一本书"系列公益助学活动，届时著名儿童文学作家肖定丽老师和深圳名师工作室团队的老师们将一同前往，此次活动由董浩清全力跟进。

上届队长刘作华做了补充，强调快乐公益、不透支助学的重要性，并表示自己会坚持"四出"精神，做好陪伴前行的角色。

与上届队长刘作华合影

董浩清最后发言，感谢大家支持本届队长的工作，在暑假期间连续将三批次课桌椅发往五华，爱心满满。在中秋、国庆即将到来之际，祝福大家幸福安康！

振华服务队

回首向来路　硕果满枝丫

丁清尚

一、团队发展齐奋进　群英荟萃再摘星

7月10日，在龙岗区第三届手机微课程大赛中，我们都做了什么？

微课获奖成员及相关资料

序号	单位	姓名	分类	专题	集数	获奖
1	龙岗区清林小学	丁清尚	小学语文	口语交际	5	一等奖
2	龙岗区清林小学	丁清尚	班主任管理	安全教育	6	一等奖
3	龙岗区清林小学	冯林毅	班主任管理	班级文化	5	一等奖
4	龙岗区清林小学	冯林毅	小学语文	易混词语小讲堂	5	一等奖
5	龙岗区育贤小学	姚依涵	小学数学	数学好玩	5	一等奖
6	龙岗区育贤小学	姚依涵	小学数学	隐藏在表格中的数学	5	一等奖
7	龙岗区平湖外国语学校	孟剑玲	小学语文	汉语拼音	8	一等奖
8	龙岗区平湖外国语学校	陈翠萍	小学语文	整本书阅读	6	一等奖
9	深圳中学龙岗小学	刘佐匡	小学数学	挑战大脑思维训练	5	一等奖
10	龙岗区育贤小学	程尚远	小学语文	复述文章有方法	5	二等奖
11	龙岗区育贤小学	程尚远	小学语文	写字先读帖	5	二等奖
12	龙岗区育贤小学	陈琳	小学数学	比例	5	二等奖

序号	单位	姓名	分类	专题	集数	获奖
13	龙岗区清林小学	李佳敏	小学数学	图形的面积	5	二等奖
14	龙岗区平湖信德学校	胡淑娜	中学生物	显微镜操作易错点	5	二等奖
15	龙岗区南湾街道下李朗小学	曹海涛	美术	教学简笔画	6	二等奖
16	龙岗区南湾街道下李朗小学	袁红娟	小学数学	常见的量	7	二等奖
17	龙岗区扬美实验学校	邓丽婷	中学物理	透镜	5	二等奖
18	龙岗区扬美实验学校	邓丽婷	美术	简笔画	5	三等奖
19	龙岗区龙城小学	罗莎	小学语文	轻松预习之旅	5	三等奖
20	龙岗区南湾沙塘布学校	邓春贤	小学数学	简便运算	5	三等奖
21	龙岗区育贤小学	黄德兴	小学语文	非暴力沟通	5	三等奖

微课制作技巧不是最重要的，自己平时的教学思考和想法才是最重要的。微课制作的目的，是为了让我们可以把自己的思考整理出来，手机微课程比赛的目的也是鼓励大家把想法转化成做法，梳理成果背后的方法、技巧，共同分享，达到共同进步。每次微课大赛的优秀作品都会上传到"蓝墨云班课"云平台，供广大教师、学生、家长免费使用，达到随时、随地、随意的"三随"学习。

工作室是一个大舞台，也是一个大的发展基地。早在新年伊始，主持人丁清尚老师就在有计划地指导老师们进步。在新年计划中，丁主任要求工作室所有的成员、学员做自己这一年来的计划：打算看什么专业书籍，对哪方面有专业思考，开发什么课程等等，甚至对论文发表、课程设计实施都做了具体的要求。于是，才有了一批又一批有情怀的老师踏上了把经验辐射给更多人、让更多老师受益的讲台上来。大家为此次龙岗区第三届手机微课大赛的圆满成功贡献了自己的智慧和力量！

教师的专业成长离不开深入思考，离不开思考之后的实施与经验梳理，更离不开同行的互相帮助，而这些都将是我们成长路上的一笔宝贵财富。

感谢丁清尚名师工作室这个成长基地，工作室老师们和一群志同道合的教育人将一起奔跑在实现教育梦想的路上，一起实现自我的成长和飞越。

在龙岗区进修学校雷斌主任和工作室主持人丁清尚老师的共同推进下，优秀的培训师们把微课的种子撒满龙岗教育大地，数以万计的教师、学生将会受益！

微课程开发之花开得灿烂，教师专业成长之路走得踏实，龙岗教育事业将迈上新的台阶！加油！我们继续前行！

团队发展，群英荟萃

二、2017年丁清尚名师工作室大事件汇总

2017年，我们完成了很多很多的事情，3月到12月，丁清尚名师工作室的全体成员一起努力着，一起进步着！

2017工作室大事件

工作室2017年大事件

序号	具体时间	事件	主讲人
1	2017年3月3日	丁清尚名师工作室揭牌暨启动仪式	丁清尚老师及名师工作室全体教师
2	2017年3月3日	微课程走进辅城坳小学	丁清尚老师
3	2017年3月7日	微课程走进新生小学	程尚远老师
4	2017年3月14日	受聘于龙岗区教师进修学校开展微课相关课程	丁清尚老师及名师工作室部分老师
5	2017年3月15日	参加龙岗区手机微课程大赛颁奖及高级培训	丁清尚老师及名师工作室部分老师
6	2017年3月16日	微课程走进沙塘布学校	丁清尚老师
7	2017年3月17日	手机微课程培训（区级培训）	李伍兵老师
8	2017年3月17日	微课程走进下李朗小学	丁清尚老师
9	2017年3月21日	微课程制作之录屏技术培训（区级培训）	刘侃清老师
10	2017年3月23日	学生手机微课程的开发与应用（区级培训）	程尚远老师
11	2017年3月24日	微课程走进教学之校本培训	任巧玲老师
12	2017年3月24日	手机微课程的开发和运用——广东韶关专场	丁清尚老师
13	2017年3月27日	微课程走进同乐主力学校	程尚远老师
14	2017年3月29日	手机微课程培训（区级培训）	陈翠萍老师
15	2017年3月30日	手机微课程培训（区级培训）	胡淑娜老师
16	2017年4月1日	手机微课程培训（区级培训）	李伍兵老师
17	2017年4月5日	手机微课在初中物理教学中的应用初探之校本培训	蔡培鑫老师
18	2017年4月7日	初中数学手机微课的开发和运用之校本培训	陈培益老师
19	2017年4月11日	学生微课程的开发与应用培训	程尚远老师
20	2017年4月13日	手机微课程制作（区级培训）	刘侃清老师

序号	具体时间	事件	主讲人
21	2017年4月19日	用小影制作手机微课（区级培训）	孟剑玲老师
22	2017年4月24日	微课程走进南联学校	程尚远老师
23	2017年4月26日	手机微课培训——广西桂林专场	丁清尚老师
24	2017年4月28日	微课表情包制作（内部培训）	曹海涛老师
25	2017年5月17日	微课培训（成都市金牛区学员）	丁清尚老师
26	2017年5月19日	手机微课培训（公益讲座）	程尚远老师
27	2017年6月2日	课件制作培训	刘侃清老师
28	2017年6月5日	手机微课培训——中山市阜沙镇专场	丁清尚老师
29	2017年6月17日	参加龙岗手机微课程（版权课程授权）培训	丁清尚老师及名师工作室部分老师
30	2017年6月23日	微课程走进如意小学	丁清尚老师
31	2017年7月6日	获得龙岗区《手机微课程的设计和制作》版权课程授权	丁清尚老师及名师工作室部分老师
32	2017年7月8日	手机微课程培训——云南昭通专场	李伍兵老师
33	2017年8月28日	开展《手机微课程的设计和制作》培训——民办学校篇	丁清尚名师工作室部分老师
34	2017年8月29日	开展《手机微课程的设计和制作》培训——公办学校篇	丁清尚名师工作室部分老师
35	2017年9月13日	参加龙岗区"我和微课程的故事"分享会	丁清尚老师及名师工作室部分老师
36	2017年9月14日	微课程走进大鹏新区葵涌小学	丁清尚老师
37	2017年9月25日	参加互联网+环境下的教育变革的讲座（内训）	丁清尚老师及名师工作室全体教师
38	2017年10月16日	手机微培训——云南昆明宜良县专场	刘侃清老师
39	2017年10月17日	阅读教学水平培训——西坑小学	罗莎老师
40	2017年10月27日	手机微课程之备课组培优补差培训	孟剑玲老师
41	2017年11月6日	参加深龙教育英才之"教育、人才、未来"研讨会学习	丁清尚老师及名师工作室部分老师

序号	具体时间	事件	主讲人
42	2017年11月10日	手机微课程培训——广东龙门县专场	程尚远老师
43	2017年11月13日	前往江苏省南通市实验小学学习	丁清尚老师及名师工作室部分老师
44	2017年11月14日	前往江苏省如皋市安定小学考察学习	丁清尚老师及名师工作室部分老师
45	2017年11月17日	亲子阅读培训（校本培训）	陈翠萍老师
46	2017年11月22日	深圳市好课程"童话创作"顺利结题	丁清尚老师及名师工作室部分老师
47	2017年11月25日	手机微课和美篇的制作与应用培训——广西南宁专场	丁清尚老师
48	2017年12月9—10日	工作室年度总结暨2018年工作展望	丁清尚老师

丁清尚工作室2018年活动汇总

时间	地点	活动名称	参与人
1月3日	清林小学	南雄、五华校长和骨干教师考察团莅临清林小学访问交流	丁清尚
1月6日	广西壮族自治区南宁市青秀区教育局	《互联网+教育手机微课的教学应用和研究》主题报告	丁清尚
1月23日	清林小学	"笔墨凝书香，春联进清林"活动	丁清尚及工作室成员
3月7日	清林小学	骨干班主任进行"班主任成长课程开发"的专题讲座	丁清尚及工作室成员
3月15日	清林小学	手机微课程校本培训活动	刘侃清
3月17日	1001酒店会议室	龙岗区第一期学习设计师（基础）研修班	邓春贤、黄德兴、陈丽春
3月17日	清林小学	第一次内训活动——总结过去，规划未来	丁清尚及工作室成员
3月20日	清林小学	班主任成长课程开发研讨会（第二期）	丁清尚及工作室成员
3月21日	扬美实验学校	信息化教学之翼——微课程培训	李伍兵
3月20日	平湖信德学校	新教师培训系列十项全能之信息化教学之翼——微课程	刘侃清
3月22日	坪山区华明星学校	整本书阅读的方法与策略	阳元元
3月25日	清林小学	《手机微课程的案例分析与评价》	陈琳
3月28日	南湾沙塘布学校	云浮市名班主任培训班交流访问	邓春贤

时间	地点	活动名称	参与人
3月29日	扬美实验学校	云浮市名班主任培训班交流访问	李伍兵
3月29日	1001酒店会议室	龙岗区第二期学习设计研修班	邓春贤、黄德兴、李伍兵
3月31日	德尼斯酒店一楼会议室	班主任工作中的心得体会	李伍兵
4月3日	可园学校	手机微课培训	邓春贤
4月3日	深圳中学龙岗小学	手机微课专题培训	曹海涛
4月3日	龙城小学	"信息化教学之翼——微课程、云班课"培训	罗莎
4月11日	清林小学	"整本书阅读教学"研讨会	阳元元
4月11—16日	育贤小学	"信息化教学之翼——微课程、云班课"培训	程尚远
4月17日	清林小学	手机微课程一等奖获奖秘籍培训讲座	罗莎
4月18日	清林小学	创新驱动——情景导向模式创客教育案例研究	李伟忠副校长、丁清尚工作室成员
4月18日	清林小学	第二次内训活动之硬笔书法培训	蔡伟奇老师及丁清尚工作室成员
4月28日	清林小学	第二次内训活动之简笔画培训	曹海涛老师及丁清尚工作室成员
4月19日	信德学校	新教师《信息化教学之翼——蓝墨云班课》培训	刘侃清
4月27日	长春市四十八中学	名师课程馆活动	丁清尚、胡淑娜
4月28日	长春市宽城区自强小学	"名师课程馆建设"论坛	丁清尚、胡淑娜
4月28日	长春市宽城区自强小学	"课程馆引领新的思维模式"主题沙龙	丁清尚、胡淑娜
4月27—28日	广东河源、梅州	公益助学活动	曹海涛、陈翠萍、卢静璇

时间	地点	活动名称	参与人
5月6日	龙门	《手机微课程制作秘籍》	程尚远
5月7日	广州	云浮市第二批名教师进行了关于"互联网+技术工具在教学中应用与实践"的培训	陈翠萍
5月15日	广州	《案例分析：我这样把班级带向优秀》专题讲座	蔡伟奇
5月19日	龙门	《手机微课程制作秘籍》	程尚远
5月26日	龙门	信息技术与学科教学融合全员培训提高班（第三期）	程尚远
5月29日	云南省临沧市镇康县	《如何制作微课》专题培训	蔡伟奇
6月21日	清林小学	"聊聊生本教育"讲座	谢昆林、丁清尚工作室成员
6月22日	广州海军华海酒店	《手机微课程开发与运用》专题培训	程尚远
6月30日	沙塘布社区阅读基地	一个数学老师的绘本故事	邓春贤
7月20—25日	东胜吉劳庆小学	全国第三届课程开发与培训师高级研修班内训	丁清尚、蔡培鑫、程尚远、邓春贤
8月30—31日	爱华学校、育贤小学	《做校园心理安全护航人》全员培训	程尚远
9月27日	清林径实验小学	丁清尚、胡红梅名师工作室小学语文低段教学研讨活动	丁清尚、胡红梅名师工作室成员
10月12日	龙岗区新亚洲学校	《信息化教学之翼——微课程、云班课》的专题培训	罗莎
10月12日	清林径实验小学	《手机微课》专题培训	邓春贤
10月18日	北京清华大学附属小学，北京中关村第三小学	校园文化交流学习	丁清尚、罗莎、谢延红

时间	地点	活动名称	参与人
10月24日	清林径实验小学	丁清尚、于鸿燕名师工作室"小学英语单元整体教学交流研讨会"	丁清尚、于鸿燕名师工作室成员
10月25日	清林径实验小学	《手机微课》专题培训	清林径实验小学全体教师
10月26日	新亚洲学校	新教师云班课的培训	程尚远
10月27日	清林径实验小学	《读写结合的有效策略》专题研讨交流活动	平丹丹、丁清尚工作室成员
11月29日	龙岗区教师进修学校	智慧的家校沟通——与班主任聊家访	程尚远
10月30日	深圳市	深圳市初中物理实验技能大赛	蔡培鑫
11月10—11日	广东第二师范学院	广东省实验操作与创新技能竞赛	胡淑娜
11月25日	平湖外国语学校	"逆向精准可视化研究"区级研讨课	蔡培鑫
12月7日	南雄	"小手拉小手，同读一本书"系列公益助学活动	黄雅妍
12月8—9日	武汉	"自主教育理论与实践"研讨会	丁清尚、刘侃清、汪敏
12月20日	清林径实验小学	丁清尚名师工作室、张兆媛名师工作室小数数学教学研讨会	丁清尚、张兆媛名师工作室成员

后记 ▶

一本书的写作，实际上就是一个反思和整理的过程。在写作的过程中，一幕幕往事都呈现在眼前，恍若昨日，历历在目。

从特色工作室申请，到名师工作室挂牌，我踏着坚实的脚步一步步走来。从一个人前行，到凝聚团队共同前行，我很欣慰地看到微课理念正在传播，微课教学方法正在得到越来越多教师的认可。微课，正在改变我们的教育。

在一路走来的过程中，有过迷茫，有过疲惫，有过开心，有过振奋……唯一不变的就是坚持。没有坚持，工作室无法获得今天的成就；没有坚持，微课教学无法传播开来。坚持，是因为我心中有梦想；坚持，是因为前面有希望；坚持，是因为我们团队在一起砥砺前行。

过去的荣誉和成绩，已然过去。然而，我们需要一个总结，看看来时的路，将其整理出来，总结出来，也给后来者一些启示，权当抛砖引玉，希望更多关注微课教学的教师和教育专家批评指正。有交流，才会进步。

不管是在微课工作室的发展过程中，还是此书的写作过程中，我都有太多需要感谢的人。首先，我要感谢党和政府，给了我们这样一个教育改革的大环境、大氛围，这是梦想生根发芽的平台和基础；其次，我要感谢龙岗区教育局和龙岗区进修学校的支持，没有他们的支持与肯定，工作室发展不会如此迅速；再次，我要感谢工作室的成员，正是由于大家的共同努力，才能取得如此成绩。此外，对在工作室发展和此书写作过程中提供帮助的许许多多的人，在此一并感谢，谢谢你们。

最后，我要特别感谢我的家人，他们的理解支持，他们的爱，是我前行的不竭动力。

丁清尚